나 자신과 화해하기

나 자신과 화해하기

2013년 10월 10일 · 제1판 1쇄 발행

지은이 ㅣ 강현숙
펴낸이 ㅣ 안병창
펴낸데 ㅣ 요단출판사

158-053 서울특별시 양천구 목3동 605-4
기 획 ㅣ (02)2643-9155
영 업 ㅣ (02)2643-7290~1   Fax (02)2643-1877
등 록 ㅣ 1973. 8. 23. 제13-10호

ⓒ 강현숙

기 획 ㅣ 이영림		**편 집** ㅣ 정연숙	
디자인 ㅣ 이소영		**제 작** ㅣ 박태훈 권아름	
영 업 ㅣ 김창윤 정준용 이영은 심현진			

값 11,000원
ISBN 978-89-350-1499-6 03230

이 책의 한국어판 저작권은 요단출판사가 소유하고 있습니다.
출판사의 사전 승인 없이 책의 내용이나 표지 등을 복제, 인용할 수 없습니다.

요단인터넷서점 www.jordanbook.com

나 자신과 화해하기

강현숙 지음

요단

추천글

「나 자신과 화해하기」는 그냥 듣기 좋은 소리나 늘어놓은 여느 심리서적과 좀 다르다. 화해해야 할 나 자신이란 단순한 심리적인 측면만 아니라 우리 몸과도 그렇다는 것을 아주 꼼꼼히 설명해 놓은 것이 이 책의 두드러진 특징이 아닌가 생각한다. 또한, 저자가 인간을 바라보는 시각이 어느 한 쪽으로 치우치지 않은 것은 하나님이 우리를 아름답고도 온전히 창조하셨다는 기독교적 인간관에서 비롯되기 때문일 거다.

하나님이 온전히 창조하셨던 그 모습으로 회복되기를 바라는 저자의 소망은 우리를 모태에서부터 돌보시고 사랑하시는 주님의 갈망에서 비롯되었음을 알 수 있다. 저자는 각 주제에 대하여 흥미 있는 사례들로 시작하여 독자들의 손을 잡고 쉽지 않은 논리들을 조곤조곤 알아듣기 쉽게 속삭이면서, 드디어는 하나님의 말씀으로 나 자신과 화해를 할 뿐 아니라 하나님과도 화해를 할 수 있게 준비시켜 준다.

그렇게 할 수 있기에 충분한 것이, 저자는 젊어서 기독교적인 심리학과 인간론을 깊이 있게 공부를 하였고, 오랜 동안 목회자의 사모로서 목회적 돌봄의 현장에서 조용히 귀를 기울여 사람들을 관찰을 해 왔으며, 자신의 아이들을 키우면서 사람이 어떻게 자신과 화해하고 성숙해 가는가를 말없이 지켜보아 온 덕이라고 생각한다.

전 세브란스 병원 정신과 과장 / 현 로뎀클리닉 원장
이만홍 교수

추천글

　인간이 행복하기 위해서는 많은 조건이 갖추어져야 하는데, 그중 단연 으뜸은 관계다. 관계는 다른 어떤 것보다 중요하다. 그래서 사람들은 바르고 좋은 인간관계를 맺기 위해서 많은 시간과 물질을 투자한다. 그러나 가장 중요한 자신과의 관계에 대해서는 별로 중요하게 여기지 않는다. 우리 몸은 사랑받고 싶어 하고, 공감받고 싶어 하며, 돌봄을 받고 싶어 한다. 그러나 우리는 우리 몸에게 그렇게 하지 못했다. 그런 자신의 몸과 화해를 함으로 그동안 몰랐던 자신 안에 있는 보석들을 발견하고, 이전에 보지 못한 생명의 에너지를 느끼게 된다.

　이 책은 그동안 잊고 살았던 자기 자신을 발견하게 해주며, 내 내면의 신음소리를 듣게 해주고, 자기 자신의 존재에 관심을 갖게 해준다. 또 침묵시켜온 상처와 억눌림과 찢겨진 자신의 모습을 보게 해주며, 그 치유법에 대해 알려준다. 더 나아가 자기 자신이 얼마나 사랑스러우며 귀하고 섬세한 존재인가를 알게 해준다.

　강현숙 사모님이 마음으로 삶으로 쓴 이 책을 통해, 당신은 자기를 사랑하게 되고, 진정한 치유와 회복의 에너지를 얻게 될 것이다. 그동안 자신에 대해서 다 아는 것처럼 생각했던 것들과 미처 살펴보지 못했던, 그러나 가장 중요한 것이 무엇인지를 일깨워주는 지혜들로 가득 차 있다. 이 책을 읽는 모든 분들에게 회복이 일어나게 될 것을 확신한다.

동안교회
김형준 목사

CONTENTS

추천글

서론

1부 마음의 소리에 귀 기울이기

1장 내 마음은 사랑받고 싶어 한다   24

2장 내 마음의 언어는 감정이다   56

3장 내 마음은 공감 받을 때 풀린다   73

4장 내 마음과 몸은 동전의 양면처럼 하나다   102

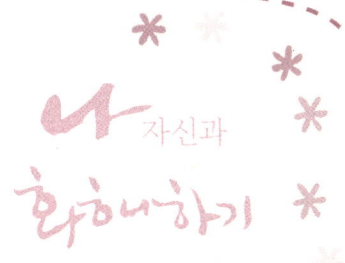

2부 몸의 소리에 귀 기울이기

5장 내 몸은 걸어 다니는 자서전이다   134

6장 내 몸의 언어는 감각이다   159

7장 내 몸의 경험은 정체감 형성의 토대가 된다   185

8장 내 몸 사랑하기   206

주

서론

　인간이라면 누구에게나 고향이 있기 마련이다. 내가 태어나고 자란 고향, 부모 형제와 애틋하면서도 진한 정을 나눈 고향, 어린 시절 친구들과 어울려 놀던 고향이 있다. 고향이란 이처럼 여타의 장소들과는 구별되는 특별한 곳으로서 우리의 추억과 마음이 함께 담겨 있는 곳이다.

　그래서 우리는 고향을 그리워하나 보다. 아니, 그리워하는 수준을 넘어 끊임없이 고향을 갈망한다. 온갖 고생을 하면서도 명절이면 또다시 앞을 다투어 고향을 찾는 것을 보면, 이러한 갈망이 얼마나 인간에게 보편적인 것인지 알 수 있다. 다시 말해, 고향에 대한 향수는 아무도 막을 수가 없는 것이다. 그래서 이러한 감정에 '향수병'이라는 특별한 이름을 붙이게 된 것 같다.

우리가 육신의 고향에 대한 그리움을 갖고 있듯이, 하나님의 형상으로 지음받은 우리에게는 영적 고향인 에덴(하나님의 품)으로 돌아가고자 하는 깊은 갈망이 있다. 아담과 하와가 에덴동산에서 이전에 누렸던 삶, 즉 하나님의 손을 잡고서 하나님과 함께 걸으며 그분의 사랑을 느꼈던 바로 그 경험을 다시 하고 싶어 하는 것이다. 결국 우리 모두는 '에덴에 대한 향수병'을 갖고 있다고 볼 수 있다.

"사슴이 시냇물을 찾기에 갈급함같이 내 영혼이 주를 찾기에 갈급하니이다" 시 42:1

이것은 마치 북쪽이 고향인 사람이 자기도 모르게 북녘 하늘을 바라보는 것과 같은 본능적인 갈망으로, 이러한 갈망은 건강한 가정에서 부모의 사랑을 듬뿍 받고 자랐다고 해서 없는 것이 아니다. 또 사회적으로 성공을 하거나 많은 재산을 소유한다고 해서 이러한 갈망이 채워지는 것은 더욱 아니다.

그러면 어떻게 해야 이 영적인 갈망이 채워질 수 있을까?
"주께서 주를 위해 나를 지으셨고, 나의 영혼이 주 안에 쉬기 전에는 안식을 얻지 못하나이다"라고 고백한 성 어거스틴의 말처럼, 내 마음 깊은 곳에 계시는 성령님과 매일매일 교제함으로써, 즉 하나님과 친밀한 관계를 통해 채움 받을 수 있다.

하나님과 관계가 친밀해지면 우리는 주님과 그저 함께 있는 것만으로도 편히 쉴 수 있다. 더욱이 잘 보이려고 애쓰지 않아도 있는 그대로 나를 받아주시고, 사랑해 주시는 것을 느낄 수 있다. 그래서 우리는 하나님과 친밀한 관계를 한마디로 '어머니 품에 안겨 있는 아기'와 같다고 표현할 수 있다.

결국 신앙이란 하나님과 하나님의 형상으로 창조된 인간의 관계를 말하는 것으로, 신앙의 본질은 '하나님과 함께 친밀한 관계를 누리는 것'이다. 하나님과 함께 친밀한 관계를 누리는 것, 그것은 하나님이 인간을 창조한 목적이라고도 볼 수 있다.

그렇기 때문에 우리 크리스천들에게는 하나님과 친밀감을 경험하는 기도시간은 참으로 중요하다. 실제로 많은 사람들에게 있어서 기도 생활은 자신들의 삶의 구심점이 된다. 기도로 하루를 시작하며 새 힘을 공급받을 뿐만 아니라 주님과 교제를 통해 날마다 주 안에서 성장하고 또 성숙해 간다.

이를테면 우리가 어릴 적에는 퇴근하고 집에 들어오시는 아버지의 손에 들려 있는 과자 봉지에만 관심을 갖지만 성장해 가면서 아버지 자체에 초점이 맞추어지면서 아버지의 마음을 헤아리게 되는 것처럼, 우리와 하나님과의 관계도 그런 식으로 변해 간다.

반면에, 어떤 사람들은 수십 년 동안 기도 생활을 해왔음에도 내면적인 변화와 성장이 보이지 않는다. 기도 생활에서 하나님과 친밀감을 경험하지 못했기 때문에, 모든 공예배에 빠짐없이 참석하며 전도대나 여전도회 활동들, 그리고 각종 사역에 열정적으로 매달리지만, 자신의 마음 깊은 곳에 있는 어떤 것이 건드려지면 쉽게 시험에 들거나 교회를 떠나버린다.

이뿐만이 아니다. 하나님과 친밀감을 경험하지 못하면 그 자리를 다른 어떤 것들로 채우려고 자기도 모르게 애쓰게 되면서 돈이나 권력 혹은 명예와 같은 것들에 집착하기 쉽다.

이런 신앙생활은 마치 부부간에 서로 사랑받고 또 사랑하고 있음을 경험하지도 못한 채 남편의 역할이나 아내의 역할에 충실하려고 애쓰는 것과 같다. 하지만 부부 관계 속에서 가장 중요하고 또 우선되어야 할 것은 남편의 역할이나 아내의 역할을 충실히 이행해 가는 것이 아니라 서로 사랑의 관계인 친밀감을 경험하는 것이다. 우리가 결혼을 한 제일의 목적은 남편이나 아내의 역할을 잘하기 위함이 아니라, 서로 친밀한 관계를 갖기 원했기 때문이다. 서로 친밀한 관계가 형성되면 남편이나 아내의 역할은 저절로 잘하게 될 것이다.

우리는 주를 위해 뭔가 열심히 일할 때 하나님이 기뻐하실 거라 생각하는데, 부부 관계에서처럼 주를 위해 어떤 일을 감당하려고 애쓰기 이전에 먼저 하나님과 친밀한 관계가 더 우선되어져야 한다. 왜냐하면 하나님은 우리가 주님의 일을 하기 전에 먼저 하나님 자신과 친밀한 관계를 만들어 가길 원하시기 때문이다.

"또 산에 오르사 자기가 원하는 자들을 부르시니 나아온지라 이에 열둘을 세우셨으니 이는 자기와 함께 있게 하시고 또 보내사 전도도 하며 귀신을 내쫓는 권능도 가지게 하려 하심이러라" 막 3:13-15

이 말씀처럼 예수님은 열두 제자를 부르시고 일감을 주시기 전에 먼저 자신과 함께 있으면서 친밀한 관계를 맺도록 하셨다. 이 말씀이 의미하는 바는 하나님이 자신의 형상으로 우리를 만드신 제일의 목적은, 바로 우리가 하나님과 친밀한 관계 속에서 살아가길 원하신다는 것이다.

하나님이 우리를 부르신 주목적은 자신의 일을 시키기 위함이 아니라, 함께 사랑을 나누기 위함이다. 그분은 임마누엘의 하나님으로서 영원토록 우리와 함께하길 원하신다. 따라서 하나님과 친밀한 관계를 맺는 것은 우리의 신앙생활 속에서 무엇보다도 우선 되어야 한다.

앞에서도 언급했듯이 부부 관계 속에서 먼저 친밀감을 형성하지 못하고 각자의 역할에만 매달리다 보면 친밀감을 통한 신뢰가 구축되지 않았기 때문에 각종 오해와 실망 속에 관계를 지속하기 어려운 것처럼, 하나님과 관계 속에서도 먼저 하나님과 친밀한 관계가 형성되지 아니하면 어려움이나 시험이 올 때 하나님을 원망하기 쉽고 또 심하면 하나님을 떠나게 된다.

이처럼 우리가 신앙생활을 해나감에 있어서 가장 중요한 것은 먼저 하나님과 친밀한 관계를 맺는 것인데, 이것은 쉽지 않다. 왜일까? 한마디로 말해 아직까지 해결되지 않은 채로 남아 있는 자신의 심리적 문제들, 즉 몸과 마음속 깊이 자리 잡고 있는 무의식적인 정서적 패턴들이 하나님과 친밀한 관계를 맺어감에 있어서 장애물로 작용하기 때문이다.

다시 말해, 노란색 안경을 끼고 세상을 보면 세상이 온통 노랗게 보이듯이, 그렇게 자신의 상처를 하나님께 투사해서 하나님을 있는 그대로 보지 못하고 왜곡시켜 바라보게 된다. 즉 하나님의 사랑을 있는 그대로 보고 또 받아들일 수 없으니까 당연히 하나님과의 관계도 꼬일 수밖에 없는 것이다.

그렇기 때문에 우리는 하나님과 친밀한 관계를 맺어 가는 데 방해가 되는 개인의 심리적 역동에 대한 이해를 할 필요가 있다. 예컨대, 현재 우리의 모습은 수많은 과거 경험들의 결과로서 우리는 과거의 영향력 아래 놓여 있기 때문에, 그 과거의 영향력에서 벗어나 우리가 하나님과 건강하고도 친밀한 관계를 이루어가기 위해서는 자기 자신에 대한 깊은 이해가 선행되어야 한다.

무엇보다도 우리는 과거에, 특히 어린 시절 부모와의 관계 속에서 받은 상처들이 현재의 신앙생활에 영향을 주고 있다는 사실을 알아야 한다. 그래야 신앙생활 속에서 자신의 문제를 투사하지 않고 건강한 신앙생활을 할 수 있다.

바울 사도는 이 점에 대해 다음과 같이 말했다.

> "내가 어렸을 때에는 말하는 것이 어린아이와 같고 깨닫는 것이 어린아이와 같고 생각하는 것이 어린아이와 같다가 장성한 사람이 되어서는 어린아이의 일을 버렸노라" 고전 13:11

그렇기 때문에 이 책에서는 우리가 하나님과 친밀한 관계를 맺기 위해 해결해야 할 문제를 두 가지로 나누어 살펴보려고 한다. 첫째는 아직까지 해결하지 못한 자신의 감정적 문제들(마음)이고, 둘째는 자신의 몸을 온전히 수용하고 받아들이지 못하는 태도(몸)다.

첫째 문제에 대해 좀더 구체적으로 말하면, 어느 40대 남자가 교회에 등록을 하고 믿음 생활을 시작했다. 그런데 문제가 생겼다. 이 남자는 하나님을 아버지라 부르는 게 어려웠던 것이다. 이유인즉, 아직까지도 해결하지 못한 과거 육신의 아버지와의 감정적 문제가 현재 하나님과의 관계에 영향을 미친 것이다.

이를테면 어린 시절 이 남자의 아버지는 술만 마시면 집에 와서 어머니를 두들겨 패고 또 그것도 성에 차지 않아서 집안 물건들을 부수었다. 이 남자는 아버지에 대한 이런 부정적 경험 때문에 하나님을 아버지라 부를 수 없었던 것이다. 결국 아버지에게 갖고 있던 분노가 하나님께 전이(과거 어떤 대상에 대해 가졌던 감정을 현재 다른 대상에게로 옮겨오는 것, 예를 들어, 과거에 아버지에 대해 가졌던 분노를 현재의 선생님에게 터뜨린다. 투사나 전이는 무의식적으로 일어나는 것이기 때문에 본인은 알아차리지 못하는 경우가 많다)되어 하나님과의 관계에 장애물로 작용한 것이다. 즉 이 남자의 감정적 상처가 하나님과 친밀한 관계를 맺지 못하도록 방해하였던 것이다.

이처럼 아직까지도 해결되지 못한 채로 남아 있는 과거의 감정적 문제들은 시간이 지난다고 해서 없어지지 않고 인간관계에서 문제를 불러일으킬 뿐만 아니라 하나님께 그 감정을 전이시킨다든지 하는 식으로 하나님과의 관계 속에서도 문제를 불러일으킬 수 있는데, 신앙인으로서 우리는 하나님의 말씀대로 살려고 애를 쓰는 가운데 자신의 감정을 표현해서 해결하려고 하기보다는 마음속에 억눌러 둘 때가 많다.

예컨대, 인간관계 속에서 분노의 감정이 극도로 느껴질 때조차도 우리는 그 감정을 살펴보고 표현하려 하기보다는 오히려 "원수까지도 사랑하라"는 예수님의 말씀을 머릿속에 계속 되뇌면서 마음으로 사랑하지 못하고 또 용서하지 못하는 자신을 탓할 때가 많은데, 이것은 존 웰우드(John Welwood)의 표현에 의하면 절대적 진리를 내세워 상대적 진리를 부정해 버리는 것이다.

우리 크리스천들은 누군가가 자신에게 부당할 정도로 시집살이를 심하게 시키는 시어머니에 대한 어려움을 호소해올 때, '일흔 번씩 일곱 번이라도 용서하라'는 절대적 진리인 예수님의 말씀을 들어서 그럴수록 시어머니를 사랑으로 감싸라고 조언할 때가 많다.

하지만 이것은 어려움을 호소한 사람의 상대적인 상황을 전혀 고려하지 않은 것이다. 시어머니를 사랑으로 감싸기 전에 이 여성은 먼저 자신이 느낀 분노를 인정하고 또 표현해야 한다. 그럴 때 비로소 진정한 용서가 이루어질 수 있는 것이다. 이것이 바로 상대적 진리인 것이다.

이렇듯 우리는 영적인 존재일 뿐만 아니라 몸과 마음을 가진 존재로서 우리의 감정도 존중받아야 한다. 왜냐하면 감정은 평가받을 대상이 아니라 표현하면서 살라고 주어진 하나님의 선물로서, 단지 "내 마음은 이렇습니다"라고 내 마음을 나타내 주는 것이기 때문이다. 그렇기 때문에

'원수까지 사랑하라'고 하신 예수님도 바리새인들에게 분노를 표현하셨던 것이다.

더욱이 감정은 에너지이기 때문에 억누르거나 시간이 지난다고 해서 없어지는 것이 아니다. 밖으로 표출되지 않은 부정적인 감정은 우울증이나 화병, 더 나아가 치매로 나타나기도 하고, 때로는 몸속 어딘가에 잠복되어 있다가 갖가지 질병의 옷을 입고 우리를 찾아온다.

하나님과 친밀한 관계를 맺어가지 못하는 두 번째 이유는, 우리의 몸과 관련된다. 성경을 보면 인간은 하나님의 창조물 중에서 가장 으뜸이 될 뿐만 아니라 하나님의 형상으로 빚어진 최고의 걸작이다.

> "주께서 내 내장을 지으시며 나의 모태에서 나를 만드셨나이다 내가 주께 감사하옴은 나를 지으심이 심히 기묘하심이라 주께서 하시는 일이 기이함을 내 영혼이 잘 아나이다" 시 139:13-14

이렇게 인간을 만드신 후 하나님은 "심히 좋다"고 말씀하시며 매우 흡족해 하셨다(창 1:31).

하나님이 의도하신 것처럼 과연 우리는 이 사실을 온전히 받아들이며 또 누리고 있는가? 자신의 경우에는 어떤지 확인하고 싶으면 매일매일 거울을 볼 때마다 어떤 생각이 드는지를 보면 된다. 거울을 볼 때마다 "역시 난 하나님의 걸작이야"라는 생각이 드는가? 아니면 '나는 머리숱이 너무 없어. 허벅지가 너무 굵어. 똥배가 너무 나왔어. 키가 너무 작아…' 등의 생각을 하면서 자신의 몸을 바꾸고 싶어 하지는 않는가?

하나님은 자신과 친밀한 관계를 맺으며 살아가도록 우리를 손수 빚으시고 우리에게 우리 자신을 선물로 주셨는데, 우리는 하나님이 주신 선물에 대해 오해하고 있다. 마치 선물 포장지만 보고 선물을 내팽개치는 어린아이처럼, 나의 몸을 외적인 면에서만 바라보고 우리 몸의 참된 가치를 간과해 버리는 것이다.

더욱이 우리가 어떤 선물을 받았을 때 그 선물이 마음에 들지 않으면 고마운 마음이 덜할 때처럼, 나 자신이 마음에 들지 않기 때문에 나를 선물로 주신 하나님이 고맙게 여겨지지도 않을뿐더러 그 하나님과 친밀한 관계를 맺기가 어려운 것이다.

우리의 몸과 관련하여 하나님과 친밀한 관계를 맺지 못하는 이유를 한 가지 더 든다면, 그것은 어린 시절부터 받은 마음의 상처들, 다시 말해 억압된 감정들이 근육 긴장의 형태로 몸 안에 들어 있기 때문이다.

"너희는 너희가 하나님의 성전인 것과 하나님의 성령이 너희 안에 계시는 것을 알지 못하느냐"   고전 3:16

이 말씀처럼 우리 마음 가장 깊숙한 곳에 바로 성령님이 계시고, 우리가 그 성령님을 만나러 가기 위해서는 자신의 몸을 통과해야 한다.

구체적으로 말해, 하나님과 친밀한 관계를 맺는다는 것은 기도를 통해 우리가 우리의 몸과 마음속 가장 깊은 곳에 계시는 성령님께 나아가 그 품에 안겨 안식하며 주님의 말씀을 듣는 것인데, 긴장의 형태로 나의 몸 안에 자리 잡고 있는 억압된 감정들은 자신들을 알아달라고 지금도 끊임없이 몸부림치기 때문에 하나님의 세미한 음성을 듣지 못하도록 방해한다.

이를테면 기도하는 우리의 모습을 한 번 떠올려 보자. 기도하려고 조용히 앉아 있으면, 어깨나 등, 허리, 목 등에 어떤 감각(예를 들면 아픔, 뻣뻣함, 욱신거림 등등)이 느껴지면서 그 감각과 연결된 어떤 사건이 떠오르거나 아니면 불현듯 어떤 감정이 올라올 수 있다. 마치 운동회 다음날 종아리가 쑤시면서 운동회에서 있었던 일들이 떠오르는 것처럼….

그러면 어떤가. 생각에 생각이 꼬리를 물고 일어나 마음이 산란해져서 주님의 음성에 귀 기울일 수가 없다. 단순히 나의 요구 사항만 주님께 아뢰는 부르짖는 기도만 할 뿐, 주님이 내게 뭐라 말씀하시는지 주님의 음성에 귀 기울이는 더 깊은 기도로는 나아가지를 못한다.

그렇기 때문에 우리는 하나님이 거하시는 성전임에도 외적인 면에서만 바라보고 아무렇게나 대했던 자신의 몸, 특별히 억눌린 감정들로 인해 생긴 마음의 상처들을 모두 기억하고 있는 자신의 몸과 화해해야 한다. 그럴 때 비로소 우리는 하나님과 건강하고도 친밀한 관계를 가질 수 있다.

그렇다면 과거의 상처를 고스란히 담고 있는 자신의 몸과 화해한다는 것은 구체적으로 무엇을 말하는가?

우리가 누군가와 화해하기 위해서는 서로 상대방에게 귀를 기울여야 한다. 상대방의 내면에서 자신들을 알아달라고 몸부림치는 감정의 소리를 듣고 그것들을 그대로 인정해 줄 때 비로소 화해가 이루어진다.

자기 자신과의 화해도 마찬가지다. 내 마음에서 울부짖는 마음의 소리와 '감각'을 통해 끊임없이 이야기하는 몸의 소리를 듣고 그것들을 인정해 주어야 한다. 현재의 내 모습으로 살아올 수밖에 없었던 이유들에 귀 기울이며, 여태까지 살아온 내 삶을 있는 그대로 인정하고 또 받아들이는 것이다. 더 나아가, 현재의 내 삶이, 내 환경이 그지없이 초라할지라도 나 자신은 존재 그 자체로 가치 있고 소중한 사람이라는 사실을 받아들이는 것이다. 그럴 때 비로소 자신의 상처는 치유되고 자신의 삶의 역사와 화해하게 된다. 이렇듯 자기 자신과 화해하게 될 때 비로소 하나님과 친밀한 관계를 맺을 수 있는 토대가 마련되는 것이다.

몸과 관련하여 한 가지만 더 언급하면 지금까지 살아오면서 우리는 마치 머리만 있는 사람들처럼 머리로 나를 정의하고 판단했으며, 감정조차도 느끼려 하기보다는 '좋은 감정', '나쁜 감정', 이렇게 머리로 판단하며 살았다.

그래서 나의 감각과 몸의 움직임을 통해 하나님이 만드신 나를 느껴보고 즐거워하기보다는 머리로만 '나는 하나님의 사랑받는 자녀'임을 다짐하였기 때문에, 머리로는 나 자신이 귀한 존재임을 알겠는데 내 온몸과 마음으로는 나 자신을 받아들이지 못하는 일이 반복해서 벌어졌던 것이다.

따라서 이제 몸 안에 들어 있는 감정적 상처들을 치유 받고, 그동안 잃어버렸던 몸의 가치와 몸의 감각들을 되찾을 때 비로소 우리는 하나님의 형상으로 지음받은 나 자신을 사랑하게 될 것이다.

내 나이 50, 희년의 해를 맞이하여 이제 모든 아픔들, 상처들, 열등감들로부터 해방되어 제 2의 인생을 '상처 입은 치유자'로서 좀더 의미 있고 아름답게 살아가기 위한 첫걸음으로 이 책을 집필하게 되었다. 더불어 나 자신과 화해하기까지 수많은 세월동안 옆에서 든든한 버팀목이 되어 준 남편 손형규 목사와 두 아들 한승, 예승에게 고마운 마음을 전한다.

2013년 9월

강현숙

나 자신과 화해하기

1부

마음의 소리에 귀기울이기

1장 내 마음은 사랑받고 싶어 한다

✻ ✻ ✻ 나의 원천(source)은 사랑이다

당신이 사랑받는 당신이 된 이유

-러셀 켈퍼

당신이 당신이 된 것은 이유가 있지요
당신은 하나님의 신묘 막측한 계획의 한 부분이에요
당신은 소중하고 완벽하고 독특하게 만들어졌으며
하나님은 당신을 그분의 특별한 여자와 남자로 부르고 있죠

존재의 이유를 추구하는 당신
그러나 실수하지 않으시는 하나님
어머니의 자궁 안에서 손수 당신을 지으신 그분
그러기에 당신은 그분이 원하는 바로 그 사람이지요

당신의 부모님도 그분이 선택했어요
지금 당신이 어떻게 느끼든
하나님의 빈틈없는 계획대로 그들을 선택하사
그들의 손에 주님의 확인 도장을 찍어 주신 것이죠

물론 당신이 당한 고통 견디기 쉽지 않았겠지만
하나님 역시 당신이 마음 상했을 때 눈물을 흘리셨어요
하지만 그것을 통해 당신의 마음이
하나님을 따라 닮아가고 성장하길 원하셨죠

당신이 당신이 된 것은 이유가 있지요
주님의 지팡이로 지으신 당신
당신이 사랑받는 당신이 된 이유는
하나님이 계시기 때문이죠. 1)

성경은 하나님의 본질은 사랑이라고 말하는데("하나님은 사랑이심이라", 요일 4:8), 우리는 사랑이신 하나님에 의해 창조되었기 때문에 사랑은 또한 우리 본래의 모습이다. 인간은 사랑을 살기 위해 이 땅에 왔으며, 따라서 사랑하고 사랑받으며 살 때 비로소 진정한 인간이 된다. 사랑이 곧 나의 정체성인 것이다.

그래서 우리에게는 누구나 사랑받고 싶어 하는 욕구, 즉 우리 내면에는 채워져야 할 사랑의 그릇이 있다. 마음속 깊은 곳에 사랑에 대한 갈망을 품고 있다. 이 사랑에 대한 갈망은 태어날 때부터 누구에게나 주어진 것이며, 우리가 매순간 의식하지는 못할지라도 이 사랑에 대한 갈망은 결코 죽을 때까지 없어지지 않는다.

이 사랑받고 싶은 욕구를 채우고자 우리는 평생 애를 쓴다. 그렇지 않은가! 태어나서 죽을 때까지 혼자 살지 않고 누군가와 관계를 맺으면서 산다는 것은 그 관계를 통해 사랑받고 싶은 욕구를 채우려는 것 아닐까?

이를테면, 유아기 때는 엄마, 아빠를 통해서 사랑받고 싶은 욕구를 채우고, 아동기와 청소년기 때는 부모와 친구들을 통해서 사랑받고 싶은 욕구를 채우고, 성인기와 노년기 때는 배우자를 통해서 사랑받고 싶은 욕구를 채우고자 한다.

그렇다. 잠시 눈을 감고 우리가 지금까지 살아온 날들을 회상해 보자. 나는 무엇 때문에 열심히 공부했고 또 직업적으로 성공하기 위해 그토록 애를 썼단 말인가! 나는 무엇 때문에 다른 사람들에게 좋은 사람으로 비추어지기를 그토록 간절히 바랐던가! 지금까지 살아오면서 내가 참으로 행복감을 느꼈던 때는 언제이었던가? 슬프고 외로울 때 내가 간절히 원했던 것은 또 무엇이었던가?

이 모든 질문에 대한 답은 아마도 사랑, 사랑받고 싶은 욕구라고 말할 수 있을 것이다. 이처럼 누구든지 살아가기 위해서는 사랑이 필요하다.

우리가 남들로부터 사랑받기를 얼마나 간절히 원하고 있는지는 다음과 같은 경우를 통해서도 쉽게 드러난다. 우리는 옷을 사러 가서 내가 원하는 색상과 스타일의 옷을 골랐다가도, 함께 간 친구들이 그 옷이 나에게 어울리지 않는다고 하면 선뜻 사지를 못한다. 이 말은 옷을 하나 사더라도 내가 원하는 색상이나 스타일을 선택하기보다는, 이 옷을 입었을 때 남들이 나를 어떻게 생각할까를 염두에 두고 사게 된다는 말이다. 아마도 이 옷을 입음으로 해서 내가 기분 좋고 편한 것보다는 남들의 시선이나 관심, 혹은 사랑을 받고 싶은 마음이 더 크기 때문이 아닐까?

이와 같이 우리가 살아가면서 부딪치는 모든 문제는 이 사랑받고 싶은 욕구에서 비롯된다고 볼 수 있다. 예컨대, 상담실에 가져오는 대부분의 문제들은 이 사랑받고 싶은 욕구를 다른 사람들을 통하여 채우려고 하다가 좌절된 경험들과 관련이 있다. 즉 겉으로는 대인 관계에서의 어려움이니 성격 문제니 하면서 여러 가지 모양으로 포장하여 가지고 오지만, 가져오는 문제들의 뿌리는 자신의 사랑받고 싶은 욕구가 채워지지 않는 것에서 비롯된 것들이다.

부부 관계의 문제만 보더라도 겉으로는 생활 습관의 차이, 시댁 문제 혹은 서로의 가치관이나 관심 분야가 다르기 때문에 힘들다고들 하지만, 사실 문제의 핵심을 들여다보면 상대 배우자에게서 자신의 사랑받고 싶은 욕구가 채워지지 않았기 때문에 오는 불만이 그러한 문제들로 둔갑된 것이다. 반면에, 자신의 사랑받고 싶은 욕구가 채워지면 상대 배우자의 성격이나 생활 습관의 차이 등은 별 문제가 되지 않는다.

이런 사례가 있다. 남들에게 '고집 세고 독선적이며 남을 배려할 줄 모르는 사람'이라는 평을 듣는 남편과 사는 아내가 있는데, 이 남편은 상대방의 의향을 묻기는커녕 항상 자기 방식으로 결정을 내린다. 늘 이런 식이다. "여보, 이번 휴가는 동해안으로 간다." 혹은 "오늘 저녁은 내가 쏜다. 삼겹살 먹으러 가자."

하지만 아내는 이런 남편에 대해 불만이 전혀 없다. 왜일까? 어린 시절 부모에게 애정 어린 관심을 좀처럼 받아보지 못한 이 아내에게는 남편이 내리는 이런 식의 자기중심적인 결정과 행동들이 오히려 자신을 위한 사랑과 배려로 느껴지기 때문이다.

우리는 또한 날마다 누군가에게 "당신은 참으로 사랑스러워", "사랑해!"와 같은 말들을 통해 자기 자신이 사랑받고 있음을 확인받고 싶어 한다. 다시 말해, 우리는 일생을 통하여 만나는 사람마다 알아서 나를 사랑해 줄 '엄마'(상징적 의미의 엄마)를 만들려고 애를 쓰다가 실망하고 또 상처 받으며 그렇게 살아간다. 그래서 사랑은 물이나 공기, 햇빛처럼 인간이 생존하기 위해 절대적으로 필요한 것이라 할 수 있다.

> 우리는 일생을 통하여 만나는 사람마다 알아서 나를 사랑해 줄 '엄마'(상징적 의미의 엄마)를 만들려고 애를 쓰다가 실망하고 또 상처 받으며 그렇게 살아간다.

✽ ✽✽ ✽   사랑받고 싶은 욕구 그리고 정서적 상처

"우리 아이가 학교에서 집으로 돌아올 때 그 애는 백인들이 소리치는 걸 듣고 무서워했지만, 자기가 무서워한다는 것을 전혀 드러내 보이지 않았어요. 그러나 사실은 무서운 거죠. 나는 그 애가 무서워한다는 걸 알아요. 그 애는 집에 오자마자 내게 옵니다. 그러면 나는 그 애를 꼭 안아주죠.
그러고 나서야 그 애는 자기가 먹을 간식을 찾아오지요. 과자와 주스를 먹고 나서 다시 내게 와서 다정하게 팔에 안깁니다. 그래서 나는 나의 어머니가 아직도 우리와 함께 계시다는 걸 하나님께 감사합니다. 왜냐하면 나도 어머니에게 갔을 때 어머니는 손으로 내 팔을 감싸 안고 내가 안정을 되찾게 해주셨거든요. 그래서 나도 내 딸의 팔을 내 손으로 감싸 안을 수 있게 되는 거죠.
우리 목사님이 말씀하신 것처럼, 하나님은 우리가 응하기만 하면 언제나 육신의 어머니처럼 우리를 감싸 안아 주십니다. 하나님은 우리 개개인을 통해 활동하시지요. 그래서 나의 어머니가 손을 내게 얹을 때 나도 손을 내 아이에게 얹을 수 있답니다. 우리에게 힘을 주시는 분은 바로 하나님이십니다." 2)

-로버트 콜스(Robert Coles), 《Touching and Being Touched》

사랑으로 우리를 만드신 하나님은 이 땅에서 하나님의 사랑을 체험하며 살아가도록 우리에게 부모를 주셨다. 부모에게서 받는 사랑 체험은 하나님의 이미지를 아이들에게 미리 예고편처럼 보여주는 것이다. 그렇기 때문에 부모는 하나님이 우리의 아이들에게 해주실 것 같은 그런 말과 행동으로 자녀들을 양육해야 한다.

한 인간이 이 세상에 태어나 처음 대하는 부모의 태도는 매우 중요한데, 왜냐하면 부모의 역할이 바로 하나님의 이미지-사랑-를 보여주는 것이기 때문이다. 이때 아이는 하나님의 이미지와 부모님의 이미지에서 차이를 경험할 수 있는데, 그것을 우리는 정서적 상처라 부른다. 즉 부모 자신의 상처와 욕심 때문에 자녀를 온전히 받아주지 못하고 사랑해주지 못할 때 자녀는 정서적 상처를 받게 된다.

이 말은 우리 모두는 정서적 상처를 안고 살아갈 수밖에 없다는 말과 같다. 왜냐하면 이 세상에 완전한 부모란 존재하지 않기 때문이다. 바꾸어 말하면, 우리 인간은 아담이 죄를 범한 이래로 온전한 사랑을 할 수 없게 되었다.

그렇기 때문에 신앙생활을 해 나감에 있어서 여러 가지 어린 시절의 상처로 왜곡된 우리의 하나님 이미지가 회복되지 아니하고는 하나님과 건강하고도 친밀한 관계를 맺어갈 수 없다. 어떤 이들은 '하나님은 우리를 사랑하십니다'라는 목사님의 설교를 들을 때 화가 나고 또 기분이 나빠진다고 하는데, 이런 사람들은 하나님에 대해 왜곡된 이미지를 갖고 있기 때문이다. 이런 사람들이 어떻게 하나님을 신뢰할 수 있으며 또 하나님의 치유하심을 경험할 수 있겠는가!

따라서 우리의 왜곡된 하나님의 이미지를 회복하기 위해서는 먼저 부모와 맺은 관계 속에서 받은 상처들이 치유되어야 하는데, 왜냐하면 우리는 육신의 부모의 이미지에 근거하여 하나님에 대한 이미지를 만들어 내기 때문이다.

그렇다면 여러분은 '하나님' 하면 어떤 모습, 즉 어떤 이미지가 떠오르는가? 보호해 주고 사랑해 주는 혹은 격려해 주는 모습이 떠오르는가? 아니면 엄격하고 인색하며, 간섭하시는 모습이 떠오르는가?

우리는 하나님에 대해 나름대로의 이미지를 갖고 있는데, 종교 심리학자들에 의하면 우리가 하나님에 대해 갖고 있는 이미지는 부모님이 어린 시절 우리를 대했던 방법과 깊은 관계가 있을 뿐만 아니라, 어른이 되어서도 좀처럼 바뀌지 않는다고 한다.

우리는 자신이 갖고 있는 부모님 이미지를 하나님께 투사한다고 볼 수 있다. 투사(projection)란 '과거의 사건이나 인물에게서 해결되지 않은 것들이 현재의 사건이나 인물에게 그대로 반영되는 것'을 말하는데, 매사에 '간섭하시는 부모님 이미지'를 갖고 있는 사람은 하나님에 대해서도 마찬가지로 '간섭하시는 하나님 이미지'를 갖게 된다는 것이다.

하나님에 대해 부정적인 이미지를 갖고 있는 사람들은 하나님을 인정은 하지만 하나님에게서 '아빠'와 같은 친밀감을 느끼지는 못한다. 그래서 서문에 언급된 40대 남성 신자처럼 어린 시절 부모에게 큰 상처를 입은 사람들은 하나님을 '아빠'라 부르기를 대단히 어려워하는 경향이 있다. 물론 하나님을 신뢰하는 것은 더더욱 어렵다.

이렇듯 이 시기에 경험한 부모와의 관계의 질은 하나님과의 관계에 지대한 영향을 끼칠 뿐만 아니라 인격의 기초가 되어 이후에 맺게 될 각종 인간관계에도 영향을 미친다. 물론 부모는 자식을 사랑하며 자식이 원하는 욕구들을 다 채워 주려고 부단히 애를 쓰지만, 객관적으로 보기에 아무런 흠이 없는 인격적인 부모도 자식에게 상처를 줄 수밖에 없다.

왜냐하면 아이가 사랑받고 있다고 느끼는 것은 남이 말로 해줘서 되는 것이 아닌, 아이만의 주관적 경험이기 때문이다. 또한 이 시기의 아이는 아직 이성적으로 사고할 수 없기 때문에 부모의 상황과 형편을 이해하려고 하기보다는 욕구에 대한 좌절을 경험하면서 정서적으로 상처를 받을 수밖에 없다.

아동 심리학자 피아제(Piaget)에 의하면, 온전한 자아인식은 발달 단계상 '형식적 조작기'가 시작되는 열두 살 즈음에 시작된다고 한다. 그렇기 때문에 이 시기, 열두 살 이전에는 본능적인 욕구들이 충족될 때에라야 비로소 자신이 사랑받고 있음을 느낄 수 있다.

예를 들어, 아기가 엄마의 젖을 먹고 싶을 때 아기는 울음을 통해 자기의 바람을 알리게 되는데, 만약 이때 자신의 욕구가 충족되지 않으면 아기는 주어진 상황을 고려하기보다는 마음속에 큰 상처를 입게 된다. 그래서 프로이드(Freud)는 "기저귀를 늦게 갈아주는 것보다 더 큰 상처는 없다"고 한 것 같다.

다시 말해 아기가 자신의 욕구를 표현하기 위해 울 때 엄마가 한걸음에 달려와 부드럽게 안아주면서 젖을 물려준다면, 아기는 '나를 이렇게 안아주면서 젖을 먹여 주는 걸 보니 내 욕구는 좋은 것이로구나'라고 생각하면서 자기 자신에 대해 좋은 감정을 갖게 된다는 것이다.

반대로 아기가 울면서 마구 보채는데도 아무런 반응을 보이지 않으면, 아기는 '내 몸에서 느껴지는 욕구들이 거부당하는 것을 보니까 내 몸은 나쁜가 보다. 그러니까 나는 나쁜 사람이야' 라고 생각하면서 자기 자신을 별 볼일 없는 존재로 여기게 된다는 것이다.[3]

이처럼 아기는 거울을 보듯 자신이 다루어지는 그대로 자기 자신을 평가하는데, 부모의 말투나 얼굴 표정에서도 쉽게 상처를 받을 수 있다. 왜냐하면 앞에서도 언급했듯이, 이 시기의 아이는 아직 이성적으로 사고할 수 없기 때문이다.

예를 들어, 어느 날 하루 종일 직장일로 파김치가 되어 집에 돌아온 엄마는 너무 힘들어서 아기가 우는데도 아기를 안아주거나 달래 줄 수가 없었다. 아기에게 웃어줄 수도 없었다. 그렇다고 해서 말로 엄마의 몸 상태를 설명하는 것은 더욱 할 수가 없었다. 엄마는 자신의 몸이 힘드니까 그저 짜증만 났다. 그런데 아기가 이런 상황 속에서는 자신이 사랑받고 있다고 느낄 수 없다. 자기 자신에 대해 좋게 느낄 수도 없다. 피곤한 엄마를 이해하는 것은 더더욱 할 수가 없다. 그 대신에 아기는 엄마의 짜증이 자기 때문이라고 생각해 자기 자신을 나쁜 사람으로 보게 된다.

결국 아기였을 때 생기는 정서적 상처는 자신의 몸이 다루어지는 방식과 부모의 얼굴 표정이나 몸짓과 같은 비언어적인 행동, 그리고 자신의 욕구에 엄마가 재빨리 응할 수 없는 상황에서 생긴다고 볼 수 있다.

예를 하나 더 들면, 엄마가 잠시 자리를 비운 사이에 아이는 과일을 깎았던 칼을 가지고 놀 수도 있다. 하지만 엄마가 돌아와서 이 장면을 목격하게 되면, 엄마는 버럭 화를 내면서 급히 칼을 빼앗을 수밖에 없을 것이다. 그러면 어떤가. 아이는 단지 칼을 빼앗겼다는 사실과 엄마의 성난 목소리나 화난 표정으로 인해 상처를 받게 된다.

다시 말해, 아이는 엄마의 다급한 마음을 헤아리지 못하고 엄마의 태도와 무서운 반응만을 본 것이다. 칼이 위험하기 때문에 엄마가 빼앗았다는 것을 알 리 만무하다. 그래서 날 위해 위험한 칼을 빼앗은 엄마의 사랑을 느끼기는커녕 상처만 받게 되는 것이다.

정서적 상처와 관련하여 또 다른 경우를 생각해 볼 수 있다. 동생이 새로 태어나면 첫째는 어떤 반응을 보일까? 과연 첫째는 동생이 새로 태어났기 때문에 엄마가 동생도 돌봐야 한다는 것을, 그래서 자신에게 예전처럼 전적으로 집중해 줄 수 없다는 사실을 이해할 수 있을까? 물론 아니다. 그저 엄마의 사랑을 동생이 독차지해 버렸다고 생각할 뿐이다. 그 결과 동생을 경쟁 상대자로 생각하고 동생과 겨루어 이기기 위해 엄마의 관심을 끄는 행동에만 몰두하게 된다.

이를테면, 바지에 오줌을 싸기도 하고 자기도 동생처럼 우유병에다 우유를 담아서 달라고 조르기도 한다. 그리고 충분히 걷고 뛸 수 있으면서도 아기처럼 기어 다니려고 한다. 이처럼 어렸을 때는 사고 능력이 충분히 발달하지 않았기 때문에 새로 막 태어난 동생을 돌봐야 하는 엄마의 형편을 헤아릴 수가 없다. 첫째가 아는 것은 오로지 동생에게 자신이 받아야 할 사랑을 빼앗겼다는 사실뿐이다. 그래서 정서적 상처를 받게 된다.

이와 같이 우리는 어린 시절 원하는 필요를 모두 다 충족시킬 수 없었

기 때문에, 그리고 엄마를 이해할 정
도의 지적 능력이 아직 발달하지 않았
기 때문에 누구나 정서적 상처를 갖고
있으며, 이 정서적 상처들은 자라 가
면서 사진첩의 사진들처럼 하나하나
마음속에 쌓여간다.

> 과거에 부모와의 관계 속에서 받은 정서적 상처들은 없어지지 않고 현재의 나에게 끊임없이 영향을 미친다.

　물론 시간이 지남에 따라 기억 속에서는 잊힐 수 있지만, 어린 시절부터 부모와의 관계에서 만들어진 정서적 상처들은 없어지지 않고 우리가 의식하지 못하는 마음의 부분인 무의식 안에 그대로 쌓인다.

　그리고 중요한 것은 무의식 안에 자리 잡고 있는 것들이 자신들의 상처받은 마음을 알아 달라고 지금도 끊임없이 울부짖고 있다는 사실이다. 즉 과거에 부모와의 관계 속에서 받은 정서적 상처들은 없어지지 않고 현재의 나에게 끊임없이 영향을 미친다.

　이런 사례가 있다. H부인은 어느 날 남편 친구 부부와 춘천에 가서 닭갈비를 먹었다. 그런데 양쪽 집 다 아이가 어려서 한 사람이 먹는 동안 다른 한 사람은 아이를 돌봐야 했다. 남편의 친구는 자기가 아이를 보겠다고 하면서 아내가 먼저 식사할 수 있도록 배려하였다. 그러나 H부인의 남편은 무뚝뚝할 뿐만 아니라 가부장적인 가족 분위기에서 자랐기 때문에 자신의 속마음과는 다르게 자신이 먼저 식사를 했다. 그동안 아내는 아이를 돌보았다.

집에 돌아온 후, 그 일 때문에 H부인은 수없이 남편과 다투었다. 이렇듯 하루가 멀다 하고 '사랑을 하니, 안 하니' 하는 문제로 서로 싸우다가 관계가 갈 때까지 가버렸다. '이혼' 이라는 말까지 나왔고, 마침내 상담실을 찾게 되었다.

상담을 통해 이런 사실을 알게 되었다. 이 아내의 친정아버지는 너무나 무뚝뚝한 사람이었다. 딸의 이름 한 번 제대로 불러 준 적이 없었다고 한다. 물론 이 아버지는 자기 아내를 부를 때도 '어~이' 하고 불렀다고 한다. 딸이 학교에서 1등을 해도 칭찬 한 번 하신 적이 없었다고 한다. 마음으로는 기뻐하셨겠지만….

H부인은 어려서부터 표현해 주는 사랑에 주려 있었던 것이다. 그 결과 겉으로 드러나게 잘해 주는 남편들을 항상 부러워하면서, 표면적으로 드러난 애정 표현을 사랑의 척도로 삼게 된 것이다.

그렇다. H부인은 남편에게 자신의 이런 사랑받고 싶은 마음을 표현해서 도움을 받기보다는, '아내 사랑' 은 남편으로서 당연히 해야 할 의무라는 것을 내세워 어린 시절 아버지로부터 받지 못한 애정 표현을 남편을 통해 받으려 하였던 것이다. 더욱이 이러한 어린 시절의 아픔을 창피스러운 것으로 여겨서 차마 남편에게 터놓지도 못했다. 이를테면, 그런 아버지의 모습을 자기 가족이 지닌 약점이라 생각했으며, 그런 사실을 남편이 알면 자신을 그저 그렇게 볼지도 모른다고 지레 짐작했던 것이다.

혹은 어렸을 때 좌절된 자신의 의존 욕구를 충족시키기 위해 배우자에게 매달릴 수 있는데, 이런 경우 남편이나 아내의 배우자가 아니라 과거에 좌절했던 자신의 의존 욕구를 충족시키기 위해 아버지의 역할 혹은 어머니의 역할을 대신해 줄 수 있는 사람을 배우자로 찾게 된다.

더욱이 성격적인 면에서 자기주장을 못하고 매사에 양보하는 것으로 어린 시절 좌절된 자신의 의존 욕구를 충족시키는 사람도 있다. 그리고 더 심한 경우 하나님과의 관계 속에서도 자신의 의존 욕구를 충족시키기 위해 하나님께 무조건적으로 매달리는 사람이 있는데, 이런 경우 하나님과의 관계에 있어서 더는 성숙한 관계로 나아갈 수 없다. 이처럼 어렸을 때 부모와의 관계 속에서 받은 정서적 상처들은 결혼 생활뿐만 아니라 모든 인간관계, 특히 하나님과 관계를 맺는 방식에 절대적인 영향을 미친다.

이런 정서적 상처들은 무의식 안에만 자리를 잡는 것이 아니라, 생체 컴퓨터라 할 수 있는 우리의 몸 안에도 자리를 잡는다. 그러고는 현재의 나에게 끊임없이 영향력을 행사한다.

우리가 태어나면서부터 받은 상처들은 우리의 몸 안에 파일(file)별로 정리되어 있다. 생리적 욕구들과 관련된 파일, 안전의 욕구들과 관련된 파일, 사랑받고 싶은 욕구들과 관련된 파일 등등….

우리가 컴퓨터를 사용할 때는 커서를 옮겨서 파일별로 정리된 자료들을 불러다 쓰지만, 우리의 몸 즉 생체 컴퓨터에 저장된 자료들의 경우는 좀 다르다. 전자동 시스템처럼 내가 원하지 않아도 저절로 작동되는 경향이 있다.

이를테면 아이가 학교에서 돌아오자마자 인사도 없이 자기 방으로 들어가 엉엉 울어댄다. 이유인즉, 선생님께서 공부 잘하는 OO만 예뻐하신다는 것이다. 그 말을 듣는 순간 엄마는 자신의 학창 시절 선생님께 무시받았던 경험들이 떠오르면서 얼굴이 화끈거린다. 그리고 순간적으로 화가 치밀어 올라 아이에게 자초지종을 들어보지도 않은 채, 아이의 담임선생님께 전화를 거는 경우가 있다.

왜 이렇게 성급한 행동을 하게 된 걸까? 바로 저장되어 있는 파일에서 과거에 무시 받았던 경험들에 빨간불이 들어왔기 때문이다. 이처럼 치유 받지 못한 과거의 상처들은 마음과 몸을 통해 현재의 삶 속에서 나에게 끊임없이 영향을 미친다.

✽ ✸✸ ✽ 자아 존중감과 어린 시절의 양육 방식

우리는 태어나서부터 지금까지 수많은 경험들을 하면서 현재와 같은 모습으로 성장했다. 물론 사랑도 많이 받았지만 앞에서 언급했듯이 여러 가지 좌절을 경험하면서 상처도 많이 받았는데, 그렇다면 여러분은 이런 현재의 자기 자신에 대해 어떤 느낌이나 생각, 혹은 태도를 갖고 있는가?

좀더 구체적으로 말해, 여러분은 어떤 자화상을 갖고 있는가? 자화상이란 자신이 그린 자기의 모습으로서, 사람은 누구나 마음속에 자신에 대한 어떤 그림을 갖고 있다. 물론 이 그림에는 자신의 외모뿐 아니라 성격이나 자신이 좋아하고 싫어하는 것 그리고 자신의 장단점까지 모두 포함되어 있다.

여러분이 가지고 있는 자화상이 "나는 이 정도면 괜찮은 사람이야", "나는 내 성격이 마음에 들어"와 같은 긍정적인 것들인가? 아니면 "난 그렇게 대단한 사람은 아니야", "나는 여성으로서 그다지 매력적이지는 못해"와 같은 부정적인 것들인가?

자화상에 근거하여 자기 자신에 대한 평가를 내리는 것을 우리는 자아 존중감(자존감)이라고 하는데, 자화상이 긍정적일수록 그 사람의 자아존중감도 높다고 볼 수 있다. 그리고 자아존중감이 높은 사람일수록 현재 자신의 모습을 있는 그대로 받아들이고, 자기를 가치 있는 존재로 여기며 자기 스스로를 사랑한다.

자기 자신을 존중하는 삶은 이 세상을 살아감에 있어서 가장 기본이 된다고 할 수 있는데, 왜냐하면 모든 인간관계를 맺어가는 주체는 바로 나일 뿐만 아니라 내가 나 자신과 관계를 맺는 비슷한 정도로, 그렇게 우리는 다른 사람들과도 관계를 맺기 때문이다.

내가 나 자신을 가치 있게 느끼지 못하면 나 자신을 귀하게 여기지 못하게 되고, 나 자신을 귀하게 여기지 못하면 다른 사람도 귀하게 여기지 못하게 된다. 즉 내가 정신적으로 건강해야 다른 사람들과 건강한 인간관계를 맺어갈 수 있다. 그렇다. 핑크색 안경을 끼고 세상을 보면 세상이 온통 핑크색으로 보이듯이, 나 자신이 왜곡되어 있으면 왜곡된 인간관계를 맺을 수밖에 없는 것이다.

돈이 한 푼도 없는 사람은 가난한 이웃에게 돈으로 도울 수 없듯이, 자신의 모든 것이 못마땅한 사람이 다른 사람들을 있는 그대로 받아들이고 또 사랑하며 살 수는 없는 것이다. 즉 자신을 소중한 존재라고 생각하는 사람만이 비로소 자기뿐 아니라 다른 사람도 위할 줄 아는 사람이 될 수 있는 것이다.

자기 자신을 존중하는 삶이 우선되어져야 하는 또 다른 이유는, 이것이야말로 '하나님이 만드신 본래의 나'를 회복하는 것이기 때문이다. 원래 우리 한 사람 한 사람은 이 세상에 하나밖에 없는 특별한 존재로 창조되었다. 우리는 모두 하나님의 숨결이 느껴지는 하나님의 걸작품들이다. 그리고 하나님은 우리가 되고 싶고 닮고 싶어 하는 그 어떤 사람이 아니라, 바로 '하나님이 태초에 디자인하셨던 본래의 내 모습'으로 살아가길 원하신다.

> 나 이제 내가 되었네
> 여러 해, 여러 곳을 돌아다니느라
> 시간이 많이 걸렸네
> 나는 이리저리 흔들리고 녹아 없어져
> 다른 사람의 얼굴을 하고 있었네
> 나 이제 내가 되었네
> ……4)
>
> -메이 사턴(May Sarton)의 〈나 이제 내가 되었네〉 중에서

이 시에서 보듯이 '하나님이 만드신 본래의 나'에 오랜 세월 동안 양

파 껍질 같은 수많은 경험들이 더해지면서 지금의 내 모습이 만들어진 것이다. 이것을 심리학적 용어로는 '거짓 자아'라고 부르는데, 이 거짓 자아는 경험과 학습을 통해 만들어진 나를 말한다.

그렇다면 경험과 학습을 통해 만들어진 자기 자신을 우리는 어떻게 보는가? 우리 대다수는 자기 자신에 대해 만족하지 못한다. 그래서 현재의 내 모습이 아닌 다른 누군가가 되기를 원한다.

왜일까? 그 이유는 우리 자신의 가치를 외모나 우리가 성취한 것들, 혹은 사회적 지위와 같은 잣대로 평가하기 때문이다. 내가 나 자신을 바라볼 때 우리는 하나님이 나를 걸작품으로 만드시고 감격하셨던 그 하나님의 시선으로 나를 바라보는 것이 아니라, 수많은 경험을 통해 갖게 된 안경을 쓰고 나를 바라보기 때문에 나 자신을 귀하게 여기지도 못하고 또 사랑할 수도 없는 것이다.

여기서 수많은 경험을 통해 갖게 된 안경을 쓰고 나를 바라본다는 말은 어린 시절 양육 과정 속에서 나에 대한 부모님의 반응을 보고 그것과 똑같이 나 자신을 보게 되었다는 말이다.

일반적으로 우리는 부모가 어린 시절 우리를 대했던 방식대로 우리 자신을 대하게 된다. 어떤 실수를 하거나 실패를 했을 때 "저런 칠칠치 못한 것 같으니라고", "너는 뭐 하나 제대로 하는 게 하나도 없구나", "너 하는 일이 항상 그렇지 뭐", "저런 바보 같으니!" 이런 말들이 녹음테이프를 튼 것처럼 우리 귀에서 윙윙댈 때가 많은데, 이런 말들은 하루아침에 그냥 나오는 소리가 아니다. 이런 말들은 어린 시절 부모와의 관계 속에

> '엄마'라는 말을 아기가 배운 것은 그 말을 수없이 반복해서 들었기 때문인 것처럼, 수없이 반복된 경험들 속에서 우리는 자기 자신을 별 볼일 없는 존재로 여긴다.

서 우리가 경험한 것들이라고 볼 수 있다. 경험이 쌓여지고 또 쌓여져서 그렇게 된 것이다.

이렇듯 우리는 본능적으로 사랑받고 싶어 하지만 자라면서 칭찬받기보다는 야단을 더 많이 맞는다. 예컨대 내담자들이나 학생들에게 부모로부터 받았던 칭찬을 떠올려 보라고 하면 머뭇머뭇거린다. 하지만 야단맞았던 경험들은 잘 기억해 낸다. 그렇다면 아이들이 태어나서 다섯 살 정도 될 때까지 부모에게 야단맞는 횟수는 과연 얼마나 될까?

어느 심리학자가 밝혀낸 바에 의하면, 한 아이가 야단을 맞는 횟수는 그 나이까지만 따져보아도 최소한 4만 번이나 된다고 한다. 이 말은 즉 다섯 살까지 야단을 4만 번 맞는다는 것은 한 달에 평균 666번, 하루에는 22번씩 싫은 소리를 듣는다는 뜻이다.[5]

반대로, 칭찬받는 횟수는 하루에 얼마나 될까? 이건 아직까지 조사된 바가 없는데, 아무래도 야단맞는 횟수보다는 적을 것이다. 이처럼 칭찬보다는 야단을 훨씬 더 많이 받는 상황에서 어떻게 자기 자신을 존중하는 태도가 자라나길 기대할 수 있겠는가? '엄마'라는 말을 아기가 배운 것은 그 말을 수없이 반복해서 들었기 때문인 것처럼, 수없이 반복된 경험들 속에서 우리는 자기 자신을 별 볼일 없는 존재로 여기게 된 것이다.

그렇다면 여러분이 어린 시절 부모님에게 자주 들었던 비난의 말들에는 어떤 것들이 있을까? 그리고 혹 그런 말들을 자기 자식에게 똑같이 퍼부어대고 있지는 않는가?

"누굴 닮아 성격이 저 모양인가 몰라."
"내가 너 때문에 정말 미치겠다."
"저러니 친구가 하나도 없지."
"너 같은 게 커서 뭐가 되겠니?"
"적어도 이 정도는 해야지."
"너는 왜 언니(오빠, 형, 누나, 동생) 같지를 못하니?"
"저거 언제나 철이 들려나 몰라."
"네가 그걸 한다고? 너는 안 돼."
"얘, 누가 알까 걱정이다."
"너 앞으로 뭐가 되려고 그러니."
"어쩌자고 내가 이런 자식을 낳았나 몰라."
"하루도 속을 안 썩여 본 적이 없어."
"아휴! 저 골치 덩어리."
"하는 걸 보니 꼭 ○○처럼밖에 안 되겠구나."
"내가 너한테 어떻게 해줬는데 네가 나한테 이럴 수 있어."
"너는 뱃속에 있을 때부터 그랬어."
"왜 사사건건 불만이야."
"너를 보고 하나님이 뭐라고 하시겠니?"

이런 비난의 말들이 나오게 된 상황을 구체적으로 살펴보자. 아이가 컵에 우유를 따르다가 그만 엎지르고 말았다. 이런 상황에서 여러분 같으면 어떻게 반응을 보이겠는가? 이때 만약 엄마가 "이 바보야, 몇 살인데 그것도 하나 제대로 못해?"라고 한다면, 이 아이는 자기가 실수를 할 때마다 자기 자신을 향해 "바보, 이까짓 일도 하나 제대로 못 해내다니"라고 중얼거리게 될 것이다.

사실 엄마가 "이 바보야, 몇 살인데 그것도 하나 제대로 못해?"라고 했을 때, '이 바보야'는 내가 진짜 바보여서가 아니라, 엄마가 나의 행동에 그렇게 이름을 붙인 것일 뿐이다. 그런데 나는 내 자신과 내 행동을 따로 떼어 생각하지 않고 동일시했기 때문에 스스로 그렇게 위축되었던 것이다. 하지만 이런 동일시는 잘못된 것이다. 사과 박스에 썩은 사과 한 개가 들어 있다고 해서 사과 박스 전체를 썩은 사과 박스로 취급할 수는 없기 때문이다.

그런데 여기서 우리가 꼭 기억해야 할 것이 있다. 바로 우리의 부모도 어린 시절 자신들의 부모에게 비난의 말들을 들으며 자라왔다는 것이다. 우리의 부모도 어떻게 보면 자신들의 부모에게 상처를 받은 사람이라는 것이다. 그 결과 상처의 흔적들이 양육 과정 속에서 고스란히 드러나게 되는 것이다.

그래서 "앞집 누구는 공부를 잘한다더라. 너도 그 정도는 해야지?", "공부해서 남 주냐?", "엄마 아빠처럼 무시 받으며 살기 싫으면 열심히 공부해라"는 말들을 아무렇지도 않게 내뱉으면서, 아이가 공부를 잘하면 자신이 성공한 것처럼 기뻐하고 또 아이가 공부를 못하면 자신이 실패한 것처럼 낙담하기 일쑤다. 이뿐만이 아니다. 아이에게 자연스럽게 조건부 사랑을 내걸기도 한다. 어떤 조건을 내걸면서 그것을 충족시키면 사랑을 주겠다는 식이다.

> "이번 시험에서 100점을 맞으면 닌텐도 사줄게."
> "공부 1시간 하면 컴퓨터 게임 1시간 하게 해줄게."
> "네가 또 동생하고 싸운다면 엄마는 널 사랑하지 않을 거야."
> "네가 밥을 먹지 않으면 엄마는 네가 좋아하는 아이스크림을 사줄 수 없어."

이상하게도 아이는 이런 조건부 사랑을 그대로 받아들인다. 왜일까? 아이에게는 부모의 사랑보다 더 중요한 것이 없기 때문이다. 아이에게는 부모가 자기를 사랑하지 않는다는 말보다 더 끔찍한 것이 없다. 더욱이 어린 시절 아이들에게 부모는 전지전능한 존재처럼 보이기 때문에 부모의 말을 심각하게 받아들이지 않을 수가 없는 것이다.[6]

이런 식으로, 다시 말해 특정한 경우에만 사랑을 받을 수 있다는 경험들을 통해 아이는 자신의 존재 그 자체로 사랑받기보다는 자신이 한 어떤 칭찬받을 만한 행동이나 성취에 대한 대가로 사랑이 주어지는 것이라는 사실을 터득해 간다.

그렇기 때문에 자기에게 남보다 뛰어난 무언가가 없다고 생각되어지면 자기 자신을 무조건적으로 수용하고 사랑하기 어려울 뿐만 아니라 자기 자신을 별 볼일 없는 존재로 여길 수밖에 없는 것이다.

한마디로 말해, 어른으로 성장해 가면서 '나' 라는 존재(being) 자체를 있는 그대로 받아들이고 또 '나' 라는 존재 그 자체로 기뻐하기보다, 우리는 어떤 행동(doing)이나 성취를 이루기 위해 일 중심으로 살아가게 된다.

요즘의 중고등 학생들을 보라! '대학 입시' 라는 커다란 과제를 앞에 놓고 있는 이들은 목표 달성을 위해 현재의 자기 자신을, 공부하는 과정 그 자체를 즐길 줄 모른다. 이를테면 자기 자신에 대해 '나는 지금 이대로도 충분히 괜찮은 사람이야' 라고 생각하기보다는, 소위 명문 대학이라고 불리는 학교에 입학해야 비로소 인정받고 또 사랑받을 수 있는 자격을 얻는 것처럼 생각해서 미래를 위해 현재의 자신을 희생시키며 단 몇 시간이라도 긴장을 풀고 쉴 마음의 여유를 갖지 못한다.

어른이 되어서도 이런 식의 패턴은 유지되고 또 강화된다. 그래서 돈이 많거나 남들이 부러워할 만한 직업을 가졌거나 혹은 미모가 뛰어나야 자신은 남들로부터 사랑받을 만한 충분한 조건을 갖추었다고 생각한다. 더 나아가 이런 식의 사랑받을 만한 조건을 갖추기 위해 필사적인 노력을 하는 경향 또한 두드러진다.

다시 한 번 강조한다. 우리 한 사람 한 사람은 이 세상에 하나밖에 없는 특별한 존재로 창조되었다. 그런데 태어나면서부터 양파 껍질 같은 수많은 경험들을 하는 가운데 자기 자신을 별 볼일 없는 존재로 여기게 된 것이다. 따라서 이제 하나님이 만드신 본래의 내 모습을 회복해야 한다. 그럴 때 비로소 내 외모가 어떻든, 나 자신이 어떤 일을 하든 상관없이 이 땅에서의 삶이 행복할 수 있다.

'하나님이 태초에 디자인하신 본래의 내 모습'으로 살아가는 것이 얼마나 중요한지를 보여주는 짤막한 하시디즘(유대교 신비주의)의 이야기가 하나 있다. 백발이 성성한 랍비 주주야의 말이다.

"하나님은 내게 '왜 너는 모세 같은 사람이 되지 못했느냐?'라고 묻는 게 아니라, '왜 너는 주주야답게(너답게-인용자) 살지 못했느냐?'라고 물을 것이다." 7)

※ ※ ※ '사랑이라는 이름'의 중독

우리는 앞에서 사랑받고 있다고 느끼는 경험의 중요성에 대해 언급했다. 어린 시절 부모에게 충분히 사랑받고 있음을 경험할 때 비로소 아이는 자기 자신을 있는 그대로 받아들이고 또 사랑하게 된다. 그래서 어떤 이는 자존감을 '사랑받은 기억의 축적'이라고 했다.

어린 시절 여러 가지 이유로 아버지가 계시지 않았다든지, 내가 원하는 방식이 아니라 엄마 자신의 방식으로 사랑을 받았다든지 해서 자기 자신이 온전히 사랑받고 있다는 경험을 하지 못하면, 어른이 되어서도 이 사랑에 대한 갈망은 내면으로부터 끊임없이 솟구친다. 그리고 이 사랑에 대한 갈망은 어린 시절 충족되지 못한 사랑의 욕구를 다른 사람들을 통해

> 관계에 중독된 사람은 오로지 상대방을 통해서만 자신의 존재감-자신이 가치 있는 존재임-을 느끼려 하기 때문에, 상대방의 관심을 받지 못하면 자신을 쓸모없는 존재로 생각한다.

채우려고 몸부림치게 만든다.

이 말은 어른이 되어 '사랑이라는 그럴듯한 이름'으로 관계에 중독되어질 수 있다는 말이다. 관계 중독에 빠지면 마약이나 알코올에 중독이 된 것처럼 어떤 사람에게 중독이 되어버려서 한시도 그 사람이 없으면 견딜 수 없게 된다.

그렇다면 우리는 건강한 사랑과 건강하지 못한 사랑, 즉 중독적인 사랑을 어떻게 구분지을 수 있을까? 중독적인 사랑의 예를 들면 "내 남편(아내, 아들, 딸)이 없으면 나는 아무것도 아니에요"라고 말하는 것과 같다.

이 말은 남편이나 자식들이 나를 사랑해 주고 또 인정해 줄 때 비로소 나는 가치 있는 존재가 된다는 말이다. 그래서 남편의 사랑을 받지 못하면 나는 별 볼일 없는 존재처럼 느껴진다. 한마디로 중독적인 사랑은 지나칠 정도로 상대방에게 의존하여 자아가 상실된다.

이처럼 건강하지 못한 중독적인 사랑을 하는 사람은 오로지 '자신의 사랑받고 싶은 갈망'에만 초점이 맞추어지기 때문에 상대방에게 낭만적인 사랑을 꿈꾸며 전적으로 그에게 매달린다. 오직 그만이 자신에게 사랑을 줄 수 있는 존재라고 여기는 것이다.

마치 스캇 펙 박사가 낭만적인 사랑에 대해 묘사한 것처럼…. "어느 날, 하늘이 우리를 위해 예비한 바로 그 사람이 우리 앞에 나타났다. 그

사람과의 만남은 너무도 완벽하다. 서로의 모든 필요를 영원히 채워 줄 수 있을 것 같다." 8)

다시 말해, 관계에 중독된 사람은 오로지 상대방을 통해서만 자신의 존재감-자신이 가치 있는 존재임-을 느끼려 하기 때문에, 상대방의 관심을 받지 못하면 자신을 쓸모없는 존재로 생각한다.

물론 우리는 모두 어느 정도 다른 사람들에게 사랑을 받고 싶어 하는 무의식적인 욕구가 있다. 그래서 헤어스타일을 바꾸거나 한번 눈에 띄게 노랗게 염색을 하고 싶어도 남들의 시선을 의식해서 망설일 때가 많은데, 이것은 바뀐 헤어스타일이나 염색이 자신에 대한 기존의 좋은 이미지를 바꾸어 버려 그동안 주변 사람들에게서 받던 인정과 사랑을 잃어버릴까 봐 두려워하기 때문이다.

하지만 관계에 중독이 된 사람은 유별나다. 오로지 그 관계 안에서만 자신의 중요성과 정체성을 느끼며, 삶의 의미와 기쁨을 맛본다. 예컨대 상대방이 나를 사랑해 주면 마치 이 세상을 얻은 듯 기뻐하고, 상대방의 사랑을 받지 못하면 이 세상이 무너져버린 것처럼 슬퍼하며, 반대로 자기에게 중독된 상대방이 자신으로 인해 행복해하면 자기가 가치 있는 사람처럼 느껴지고, 그렇지 않으면 자신을 무가치한 사람으로 여긴다. 결국 자신의 행복은 자신의 책임을 떠나 전적으로 상대방에게 달려 있는 것이다.

이처럼 관계에 중독된 사람은 자신과 상대방 사이에 경계가 없다. 경계가 무너진 사람이다. 건강한 심리적 경계선이란 '내 감정과 네 감정이 다르고 내 생각과 네 생각이 다르다'는 것을 인정하는 것인데, 경계가 무너진 사람들은 내 감정이 곧 네 감정이어서 나와 너의 구별이 없으며, 감정적으로 얽혀 있어서 상대방을 내 마음대로 조정하려고 한다.

서로의 다른 점을 인정하지도 못한다. 마치 비오는 날 점심에 내가 부침개가 먹고 싶으면 상대방도 그럴 것이라고 생각한다. 그러고서 상대방이 내가 원하는 대로 따라와 주지 않으면 상대방이 나를 싫어하는 것으로 단정 지어버리기도 한다.

건강한 관계는 토머스 화이트먼의 말처럼, 물이 가득 담겨 있는 비닐봉지와 같다. 비닐봉지에 물을 담으면, 통 모양에 따라 수만 가지의 외형적 변화가 가능하다. 형태는 외부의 압력에 따라 자유자재로 변하지만, 안에는 여전히 같은 양의 물을 담고 있는 것이다. 이처럼 진정으로 건강한 관계란 관계 속에서 나 자신을 잃어버리지 않는 것이다.9)

그러면 나 자신을 잃어버리지 않는 것이란 구체적으로 무엇을 말하는 것일까? 흔히들 남녀 관계 속에서는 혼자일 때의 외로움이나 사랑의 관계가 깨어질까 봐 자신이 느끼는 부정적인 감정도 표현하지 못할 때가 많이 있는데, 관계 속에서 나를 잃어버리지 않는다는 말은 한마디로 말해 상대방으로부터 떨어져 나와 혼자 있을 때조차도 자신이 귀하고 사랑스러운 존재임을 느끼는 것이다.

이를테면 남편의 사랑을 받지 못할 때조차도 '자기'(self) 즉 여기서는 하나님의 형상으로 지음 받은 원래의 내 모습('하나님이 나를 만드셨고 또 하나님이 나를 사랑하시기 때문에 누군가가 나를 사랑해 주지 않아도 나는 존재 그 자체로 귀하고 사랑스럽다'라고 느끼는 것)을 잃어버리지 않는 것이다.

우리는 존재 그 자체로 귀하고 사랑스럽다. 왜인가? 하나님이 자신의 형상대로 그렇게 우리를 만드셨기 때문이다.

> "하나님이 자기 형상 곧 하나님의 형상대로 사람을 창조하시되 남자와 여자를 창조하시고" 창 1:27

이렇듯 하나님의 형상대로 창조되었지만 세상에 태어난 이래 양파 껍질처럼 수많은 경험들을 통해 무조건적인 사랑을 경험하기보다 때로는 비교당하고 조건적인 사랑에 길들여지면서, 우리는 자신을 있는 그대로 사랑스럽게 바라보지 못하고 세상의 잣대로 바라보면서 위축되기 시작했다. 그래서 급기야는 나 자신이 사랑받을 만한 어떤 일을 하거나 남이 나를 사랑해 줄 때만 자기 자신을 가치 있게 느낄 수 있게 된 것이다.

그렇기 때문에 우리는 무엇보다도 하나님의 형상을 따라 귀하고 사랑스럽게 지음 받은 원래의 내 모습을 바로 알고 또 되찾아야 한다. 즉 나의 정체감('내가 누구인가?'에 대한 답)을 올바르게 확립해야 한다. 그럴 때 비로소 우리는 사랑이라는 이름으로 중독에 빠지지 않게 된다.

'나는 하나님의 사랑받는 자녀'라는 정체감을 확고히 형성하지 못하면 다른 사람들과 친밀한 관계를 맺기가 어렵다. 왜냐하면 친밀감이란 관계 속에서 자신의 정체감을 잃지 않는 것이기 때문이다. 예를 들면, 친밀한 관계 속에서는 자신의 정체감을 잃지 않기 때문에 남편과의 관계나 다른 인간관계가 좀 삐꺼덕거린다 할지라도 나는 여전히 괜찮은 나로서 존재하며 하나님의 사랑을 받는 존재다.

관계 속에서 서로 친밀감을 느끼며 살고 싶어 하는 것은 인간의 기본 욕구 중의 하나인데, 이 친밀감에 대한 욕구가 채워지지 않으면 어떻게 될까? 배가 고픈데 밥이 없으면 다른 무언가로 허기진 배를 채워야 하는 것처럼, 인간이라면 누구나 갖고 있는 이 친밀한 관계의 욕구가 인간관계 속에서 채워지지 않으면 우리는 '나를 사랑해 줄 엄마'의 대용품으로 무엇인가에 중독이 되기 쉽다. 이런 의미에서 크레이그 네켄은 중독을 '중독자가 친밀감에 대한 욕구를 충족시키기 위해서 물질이나 행동과 맺는 정서적인 관계'라고 정의했다.

좀더 구체적으로 말하면 대다수의 사람들은 음식, 쇼핑, 술과 같이 중독자들이 중독되는 물질이나 행동과도 단순히 편의에 따라 관계를 맺는다. 이 말은 그런 대상에게서 정서적인 유대를 느끼거나 친밀감을 느끼지는 않는다는 말이다.

그러나 중독자의 경우에는 좀 다르다. 어떤 물질이나 행동이 점점 더 중요해지면서, 그것은 중독자에게 가장 중요한 정서적 관계로 자리를 잡는다. 중독을 통해 그들은 친밀한 관계 속에서 맛볼 수 있는 그런 기분 변화를 체험하기 때문에, 자신의 정서적인 욕구가 충족되었다고 믿는 것이다.[10]

중독에 빠지는 것과 관련해 이런 경우도 생각해 볼 수 있다. 애정 결핍으로, 혹은 욕구 충족 박탈로 '자신은 사랑스런 존재'라는 느낌을 강화

받지 못했을 때, 자신이 이렇듯 못나고 열등한, 그리고 사랑스럽지 못한 존재라는 생각을 잊어보고자 쇼핑이나 술, 도박 등에 빠질 수 있다는 것이다.

우리는 입시에서 낙방을 하거나 사업에서 실패를 했을 때, 아니면 누군가에게 배신을 당하면 그 괴로운 감정에서 벗어나고자 애를 쓴다. 어떤 사람은 술을 마심으로, 어떤 사람은 도박이나 게임에 몰두함으로써 자신의 고통을 잊어버리려고 한다. 이처럼 우리는 현재 자신의 모습이 맘에 들지 않고 싫을 때도 어떤 중독성 물질에 빠져서 유쾌하지 않은 자신의 현재 감정에서 벗어나고자 애를 쓴다.

결국 채워지지 않은 사랑받고 싶은 욕구는 중독의 뿌리가 된다고 볼 수 있는데, 이즈음에서 혹자는 문제를 제기할 수도 있을 것이다. 사랑받고 싶은 욕구가 채워지지 않아서 그 대용으로 뭔가에 빠지는 것이 뭐 그리 나쁘냐고…. 오히려 긍휼히 여김을 받아야 하지 않겠냐고….

하지만 중독은 우리에게서 많은 것들을 빼앗아 간다. 그중 한 가지를 들자면 우리로 하여금 현재를 떠나도록 하는데, 사람은 현재를 떠나서는 진정한 행복을 누릴 수 없다.

우리가 게임이나 술, 도박 등에 빠진다는 것은 현재를 떠난다는 것을 의미한다. 여기서 현재를 떠난다는 것은 현재 자신의 몸을 떠난다는 말이고, 현재 자신의 몸을 떠난다는 말은 자신의 몸의 감각을 느낄 수 없다는 말이다. 그렇지 않은가!

게임에 중독되어 있는 사람은 현재를 떠났기 때문에 몸의 감각을 잘 느낄 수가 없다. 그래서 하루 이틀 동안 먹지도 않고 게임만 하다가 정신을 잃는 경우를 우리는 텔레비전 뉴스를 통해 종종 접한다.

앞에서도 언급했듯이 현재를 떠나서는, 다시 말해 현재 자신의 몸의 감각으로 느껴지지 않는 것은 진정한 행복이라 할 수 없다. 누군가가 아무리 큰 저택을 소유하였다 할지라도 소유의 기쁨이 몸의 감각으로 느껴지지 않는다면 그는 행복하다고 할 수 없는 반면에, 친구의 전화 한 통에 기분이 전환되면서 행복하다고 느끼는 것은 그 행복감이 온몸의 감각으로 느껴지기 때문이다. 그렇기 때문에 우리 몸의 감각을 느낄 수 없게 만드는 중독성 물질은 우리에게 진정한 기쁨과 행복을 줄 수 없는 것이다.

뿐만 아니라 중독성 물질은 우리에게 지속적인 행복감을 안겨줄 수도 없다. 예컨대 영화 속에서 주인공이 억만장자가 되었다고 치자. 그리고 그 주인공의 기쁨이 나의 기쁨으로 느껴졌다고 하자. 하지만 그 기쁨은 영화를 보는 잠시 동안만 지속될 뿐이다. 마찬가지다. 술이 좋다고 24시간 술독에 빠져 살 수 없듯이, 영화관에서 영화를 보는 것이 아무리 재미있어도 평생 영화관에서 살 수는 없지 않겠는가.

이렇듯 진정한 기쁨과 행복은 과거나 미래에서 찾을 수 없고 '지금-여기' 내 몸의 감각으로 느껴져야 하는 것이다. 그렇기 때문에 현재를 떠나고, 현재 자신의 몸의 감각을 느끼지 못하게 하는 중독은 우리에게 진정한 기쁨을 줄 수가 없다. 여기서 몸의 감각을 느낀다는 것은 바로 '지금-여기'라는 현재성을 벗어나지 않는 것으로서, 현재를 살아간다는 것은 커다란 축복이며, 선물 중의 선물이다.

영어 단어 'present'에도 '현재'와 '선물'이라는 두 가지 뜻이 있듯이, 현재를 살 때 우리는 행복할 수 있다. 왜냐하면 남들이 모두 부러워할 정도로 수백억의 재산을 통장에 가지고 있다 할지라도 그것을 현재 마른 떡 한 조각을 먹으며 기뻐하고 감사하는 것과 비교할 수 없는 것은, 몸으로 느껴지지 않는 행복, 즉 현재를 떠난 행복은 진정한 행복이 아니기 때문이다.

2장 내 마음의 언어는 감정이다

✽ ✽✽ ✽ 감정은 인간 본성의 한 부분으로서
하나님이 주신 선물이다

우리 모두는 이 세상을 살아가면서 행복하기를 원한다. 그리고 그 행복을 위해 오늘도 열심히 일하며 살아간다. 그러나 어떤 사람들은 많은 재산을 소유하고 또 높은 지위에 있음에도 행복하냐는 질문에 선뜻 대답하지 못한다.

왜일까? 행복은 무엇을 얼마나 소유했고, 어떤 지위에 있는가와 같은 실제적 사실에 의해 결정된다기보다는 현재 처한 상황에 대해 '자신이 어떻게 느끼는가?' 하는 자기 자신의 감정 상태에 의해 결정되기 때문이다. 아무리 어렵고 궁핍한 환경 속에서 살더라도 자기 자신이 행복하다고 느끼면 그것이 바로 행복이다. 왜냐하면 행복은 스스로 만족감을 느끼는 심리 상태로서 감정적인 부분과 관련되기 때문이다. 결국 감정은 우리가 행복감을 느끼는 중요한 지표가 된다.

이렇듯 우리는 자신의 경험에 대한 반응인 감정을 가지고 행복을 느끼고 또 표현하게 되는데, 감정은 인간 본성의 한 부분으로서 태어나는 순간 몸과 함께 우리에게 주어진 하나님의 선물이다. 다시 말해, 감정은 이 세상을 살아가는 동안 빨, 주, 노, 초, 파, 남, 보와 같은 다양한 감정 표현을 하면서 풍요로운 삶을 누리도록 남녀노소 누구에게나 똑같이 주신 하나님의 선물이다.

그렇지 않겠는가. 귀여운 자식의 재롱을 보고도 기쁨을 느낄 수 없다면, 또 사업에 실패하여 모든 것을 잃었는데도 그 절망감을 표현할 수 없다면 우리의 삶은 얼마나 삭막하겠는가? 하지만 우리는 표현할 수 있는 다양한 감정을 갖고 있기 때문에 주어진 삶의 조건이 어떠하든지 간에 자신에게 주어진 삶을 잘 살아낼 수 있는 것이다.

그리고 인간이 감정을 갖고 태어났다는 것만 보아도 우리는 하나님의 형상으로 태어났음을 확실히 알 수 있다. 하나님은 성경에 '기뻐하시는 하나님', '질투하시는 하나님' 그리고 '분노하시는 하나님' 등으로 묘사하고 있는데, 우리가 하나님의 형상을 따라 지음 받았다는 것은 바로 우리도 하나님처럼 감정을 갖고 있다는 것을 의미하기 때문이다.

분명 하나님은 감정을 갖고 계신 분이다. 예수님이 당한 십자가의 고통을 찢어지는 가슴으로 지켜보는 하나님 아버지의 마음을 헤아려 본 적이 있는가? "하나님이 세상을 이처럼 사랑하사"라는 표현에서, 그 깊은 사랑의 마음이 어느 정도라고 생각되는가? 하나님은 이렇듯 감정을 갖고 계신 분이기 때문에 우리는 그분 앞에 나아가 나의 슬픔을 나누며, 나의 억울한 마음을 털어놓고 위로받을 수 있는 것이다.

감정이 인간 본성의 한 부분으로서 중요하게 다루어져야 하는 또 다른 이유는, 삶에서 일어나는 대부분의 문제는 감정적인 것이기 때문이다. 다시 말해, 우리는 머리로만이 아니라 가슴으로 살아간다.

우리의 부부 관계 속에서든, 아니면 여타의 인간관계 속에서든 갈등하고 부딪치는 대부분의 문제는 옳고 그름의 문제라기보다는 감정적인 문제일 때가 많다. 우리가 살아가면서 옳고 그름과 같은 도덕적인 문제로 관계가 삐꺼덕거리는 경우는 별로 없다.

그렇지 않은가? "당신이 밤 12시에 집에 들어오는 것은 옳지 않은 행동이야." 우리는 이런 문제로 싸우기보다 "밤 12시가 되었는데도 당신이 집에 오기는커녕 연락조차 없으니까, 내가 얼마나 걱정했는지 알아? 좀 불길한 생각도 들고…. 그런 내 마음을 좀 알아달라고"와 같은 감정적인 문제로 서로 부딪쳐 마음이 상할 때가 많다.

그리고 이런 식의 마음의 상처는 그것이 아무리 소소한 것일지라도 나의 온몸과 마음에 영향을 미친다. 작은 촛불 하나가 방 안 전체를 밝게 하듯이, 그렇게 소소한 감정적 상처가 나를 온통 지배해 버릴 수 있다. 그래서 어떤 이에게는 작은 사건으로 인해 생긴 우울한 감정이 그 사람을 자살로 내모는 결과를 초래하기도 한다.

자신의 감정을 다스리지 못했을 때 얼마나 큰일이 벌어질 수 있는지는 성경 사사기 14~15장을 보면 잘 알 수 있다.

> "홰에 불을 붙이고 그것을 블레셋 사람들의 곡식밭으로 몰아들여서 곡식단과 아직 베지 아니한 곡식과 포도원과 감람나무들을 사른지라 블레셋 사람들이 이르되 누가 이 일을 행하였느냐 하니 사람들이 대답하되 딤나 사람의 사위 삼손이니 장인이 삼손의 아내를 빼앗아 그의 친구에게 준 까닭이라 하였더라 블레셋 사람들이 올라가서 그 여인과 그의 아버지를 불사르니라" 삿 15:5-6

아내를 자신의 친구에게 재혼시킨 사실을 알게 된 삼손은 밭에 불을 질렀는데, 그 불은 커져서 온 동네를 태웠고, 결국 장인과 아내까지도 불에 타서 죽었다. 이와 반대로 어떤 사람은 한 줄의 문자 메시지(예를 들어, "여보, 당신을 사랑해. 힘내!")에 감동 받고 세상을 다 얻은 것처럼 기뻐하기도 한다.

그렇다면 긍정적 감정이든 부정적 감정이든, 감정을 갖고 있다는 것은 구체적으로 어떤 의미일까? 감정은 에너지이기 때문에 우리에게 감정이 있다는 것은 살아 있는 생명력을 갖고 있다는 말이다. 기쁨, 환희와 같은 긍정적인 감정이든 아니면 슬픔이나 고통처럼 부정적인 감정이든 감정이 있다는 것은 살아 있음을, 어떤 생명력이 꿈틀대고 있음을 나타내 준다. 결국 감정의 원천은 살아 있음의 표시인 생명력이라 할 수 있다.

이렇듯 감정의 원천이 살아 있음의 표시인 생명력임에도 우리는 어떤

> 우리는 분노라든지 슬픔과 같은 부정적인 감정이 생기면 이런 감정을 자신을 위협하는 것이라 생각해서 그 감정을 없애 버리려는 경향이 있는데, 사실 이것은 넓게 볼 때 자신의 생명력과의 연결을 차단시키는 것이다.

사람에 대해 '그 사람은 감정적이야'라는 말보다는 '그 사람은 이성적이야'라고 평할 때 더 높은 점수를 주는 경향이 있다. 이 말은 우리가 감정을 좋은 것으로 생각하기보다는 좋지 않은 것으로 여긴다는 말이다.

우리는 분노라든지 슬픔과 같은 부정적인 감정이 생기면 이런 감정은 자신을 위협하는 것이라 생각해서 그 감정을 없애 버리려는 경향이 있는데, 사실 이것은 넓게 볼 때 자신의 생명력과 연결을 차단시키는 것이다. 왜냐하면 긍정적이든 부정적이든 우리에게 어떤 감정이 생길 때, 그것은 우리가 살아 있음을 나타내 주는 지표이기 때문이다.

우리는 말한다. 살아 있다는 것만큼 더 큰 기쁨이 어디 있느냐고! 맞는 말이다. 이 땅에서의 모든 것은 우리가 살아 있다는 전제하에서만 의미를 가지기 때문이다. 그렇기 때문에 표현할 수 있는 희, 노, 애, 락의 다양한 감정이 있다는 것은 참으로 감사하고 또 행복한 일이다.

우리에게 감정이 없다면 어렵고 힘든 상황 속에서 고통을 느끼지 않아도 되니까 편한 면도 있겠지만 우리의 삶이 얼마나 삭막하겠는가! 만약 곱게 물든 단풍을 봐도 아무런 감정을 느끼지 못한다면, 우리의 삶이 얼마나 메말라질까?

우리는 모두 서로 다른 환경에서 태어났다. 그리고 모습도 재능도 다 다르다. 누구는 부유한 나라, 좋은 환경에서 태어나 성장한다. 반면에, 어떤 이는 아프리카 오지에서 태어나 한 끼 먹을거리가 없어서 죽어간다. 이런 서로 다른 상황만 보면 하나님이 불공평하신 것 같지만, 공평하신 하나님은 우리에게 모두 감정을 주셔서 희로애락의 감정을 느끼며 살아가도록 하셨다. 나 자신의 마음 상태를 관계 속에서 표현할 수 있도록 하셨을 뿐만 아니라, 또한 이런 마음 상태를 하나님께 아뢰며 하나님과 교제할 수 있도록 하셨다.

✽ ✽ ✽ ✽ 감정을 표현한다는 것은 '내 마음은 이렇습니다' 라고 말하는 것이다

누가 바람을 보았나요?

-크리스티나 로세티

누가 바람을 보았나요?
나도 당신도 보지 못했어요
하나 나뭇잎 살랑거릴 때
그 사이로 바람이 지나가고 있지요

누가 바람을 보았나요?

당신도 나도 보지 못했어요
하나 나무들 고개 숙일 때
그 곁으로 바람이 지나가고 있지요.11)

이 시에 나오는 바람처럼 감정은 눈에 보이지 않는다. 하지만 나뭇잎이 흔들리는 것을 통해 바람의 존재를 알 수 있듯이, 분명 감정도 존재한다. 그렇다면 태어나서 지금까지 날마다 경험하는 감정들, 즉 사랑하고 미워하고 슬퍼하고 걱정하는 감정들이 나에게 있음을 어떻게 찾을 수 있을까?

바로 몸을 통해서다. 몸 안에서 느껴지는 어떤 것을 통해 우리는 감정의 존재를 확인할 수 있다. 우리가 말로 하는 대화 속에서는 감정을 인식하지 못할 수도 있으나 몸 안에서 느껴지는 감정을 알아차리는 것은 쉽다.

상대방에게 화가 났지만, 그 감정을 숨기고 계속 대화할지라도, 내 속에서는 화를 참느라 심장 박동이 빨라지면서 떨고 있는 것을 나 자신은 느낄 수 있다. 물론 시선조차도 마주치지 않으려고 무진장 애를 쓰는 것도….

이처럼 일상생활 속에서 우리는 얽혀 있는 어떤 감정으로 인해 몸이 긴장을 하거나 불편하게 느껴지는 것을 종종 경험하곤 한다. 또 반대로 얽혀 있던 어떤 감정이 해소되면 마음이 편안해져 몸도 가볍게 느껴진다.

우리는 이런 경험을 한 적이 한두 번은 있을 것이다. 인간관계 속에서 힘들거나 갈등이 있을 때 그런 마음의 상태가 신체 일부의 통증과 같은 신체 반응으로 나타나는데, 이를테면 머리가 빠개질듯 아프다든지, 잠이 안 오고, 가슴이 쿵쿵 뛰거나 터질듯이 답답하게 느껴지기도 하고, 입맛도 없고, 소화도 안 되고 등등….

그래서 감정을 표현할 때는 신체와 연관된 표현들을 많이 한다. 예컨대, 입술이 타들어간다, 뒷골이 당긴다, 목 안에 가시 같은 존재다, 먹은 게 소화가 안 된다, 손발이 오그라든다, 비위가 상한다, 복장이 터진다, 신경질이 난다, 혈압이 오른다, 똥줄 탄다 등등….

이뿐만이 아니다. 우리는 누군가가 정신이 나간 사람처럼 이리저리 왔다갔다하는 것을 보면 "뭔가 불안한 일이 있는가 보구나"라고 말하기도 하고, 숨을 가쁘게 쉬며 씩씩거리는 것을 보면 '뭔가 화나는 일이 있나 보다'라고 생각한다.

이처럼 우리는 몸의 감각이나 몸에서 일어나는 변화를 통해 자기 자신이 어떤 감정 상태에 있는지를 알며 다른 사람들이 느끼는 감정도 알아챌 수가 있다. 여기서 자신이 느끼는 감정을 알아챈다는 말은 자신의 마음에 대해 더욱더 잘 알게 된다는 말인데, 왜냐하면 자신의 마음에 대해 알기 위해서는 무엇보다도 몸으로 느껴지는 자신의 감정을 들여다보면 되기 때문이다. 지금 현재의 내 마음을 알고 싶으면 지금 내 몸으로 느껴지는 나의 감정이 어떤지를 들여다보면 된다.

"모르는 게 약이다"라는 말도 있지

> 지금 현재의 내 마음을 알고 싶으면 지금 내 몸으로 느껴지는 나의 감정이 어떤지를 들여다보면 된다.

만, 우리가 살아가면서 겪게 되는 대부분의 문제는 모르기 때문에 생기는 것이 많다. 예를 들어 간단한 치료법이 있는데도 몰라서 병을 키우는가 하면, 법을 잘 몰라서 사기를 당하는 게 이 같은 경우다.

나 자신에 대해서도 마찬가지다. 내 마음에 대해 알면 알수록 나를 얽매고 있는 많은 것들에서 자유로워질 수 있다. 왜냐하면 내가 모르는 나의 어떤 부분, 즉 내 무의식에 들어 있는 어떤 경험이 내 행동의 동기로 작용해서 나의 행동을 제약하기도 하고 또 인간관계를 꼬이게 할 때가 많기 때문이다.

예컨대, 어떤 남편은 아내가 동태국만 끓이면 화를 낸다. 상담 중에 이런 사실을 알게 되었다. 이 남편이 초등학교 2학년 때인가 어느 급식 시간에 있었던 일이었다. 이날 동태국이 나왔는데, 이날따라 국이 먹기 싫어서 국을 남겼다. 그런데 담임선생님께서는 편식을 하면 안 된다고 하시면서 국을 다 먹어야 집에 갈 수 있다고 하셨다. 고학년만 되었어도 선생님께 자신의 몸 상태에 대해 잘 말씀드릴 수 있었을 텐데…. 이 어린 꼬마는 억지로 동태국을 다 먹었다. 그리고 이후로는 동태국을 먹지 않게 되었다.

상담을 통해 이런 자신의 모습-동태국을 싫어하게 된 사연-을 알게 된 남편은 이후로 아내가 동태국을 끓여도 화를 내지 않았을 뿐만 아니라, 비로소 동태국을 먹을 수 있게 되었다.

이처럼 내 마음에 대해 알면 알수록 나의 행동이 여타의 제약을 받지 않고 더 많이 자유로울 수 있다. 내 마음을 알 수 있는 한 가지 방법은 바로 내 감정 상태를 들여다보는 것이다. 그리고 앞에서도 살펴보았듯이 감정은 몸과 연결되어 있어서, 우리는 몸의 상태나 몸의 움직임을 통해 현재 자신의 감정 상태를 파악할 수 있다.

면접 대기실에서 친구가 나에게 "너 왜 그렇게 입술을 깨물고 있니?"라고 물을 때, 비로소 나는 면접을 앞두고 나 자신이 많이 불안해하고 있다는 것을 알 수 있는 것과 같다고나 할까.

요약하면, 감정은 '내 마음의 언어'로써 내 감정을 표현한다는 것은 바로 "내 마음은 이렇습니다"라고 말하는 것이다. 즉 '내가 지금 화가 났다'라고 말하는 것은 '나=화난 사람'이 아니라 '내 마음 상태가 화가 나 있다'라고 말하는 것이다.

언어의 목적은 표현하기 위함이다. 그리고 종의 목적은 울리기 위함이다. 종이 종이 되기 위해서는 소리를 내야 하는 것처럼, 감정이 감정의 역할을 한다는 것은 바로 감정을 표현해주는 것이다.

그런데 우리는 어떤가! 누구나 예외 없이 분노, 질투, 미움, 슬픔, 원망 등등의 감정을 시시각각으로 느끼고 살면서도 그 감정들을 표현하기 꺼리는 경향이 있다. 이것은 우리가 어려서부터 나쁘다는 딱지가 붙은 감정들(분노, 질투, 미움, 슬픔, 원망)을 꾹 참고 남들에게 드러내지 않도록 하는 것이 바른 삶처럼 여겨지는 사회적 환경 속에서 자라왔기 때문이다. 즉 우리 문화 속에서는 자신의 감정을 드러내지 않는 것이 미덕인 것이다.

이런 식의 대화 장면을 우리는 쉽게 접할 수 있다. 어떤 엄마가 여섯 살쯤 되어 보이는 아들, 그리고 서너 살쯤 되어 보이는 딸과 함께 벚꽃이

만발한 공원 벤치에 앉아 있었다. 여동생이 오빠를 쿡쿡 찌르며 장난을 치자, 아들이 "엄마, 나는 민지가 장난치는 게 싫어!"라고 말했다. 그러자 엄마는 "왜 그러니? 민우야, 네 하나밖에 없는 동생이잖아. 그런 말은 하는 게 아니야. 동생을 사랑해야지"라고 조언하며 아들의 감정 표현에 제동을 걸었다.

이것은 대다수의 부모들이 흔히 보이는 모습인데, 이런 식의 훈육은 어려서부터 자신의 감정을 정직하게 그리고 자유롭게 표현하지 못하도록 한다. 이렇듯 자신의 감정을 표현하지 못하도록 가르침을 받으면, 아이는 엄마가 보지 않고 있을 때 여동생을 때린다든가 하는 식으로 표현하지 못했던 자신의 감정을 분출하게 된다.

더욱이 그때그때 표현하지 못한 감정은 자신의 생각이 자꾸만 부풀려지도록 부추긴다.

예컨대 아침에 도서관에 간 아들에게 몇 번이나 전화를 했는데 전화를 받지 않았다. 그런데 아들이 집에 돌아왔을 때, 아들이 전화를 받지 않아서 걱정했던 엄마의 마음을 표현하지 않는다면 어떻게 될까? 다음번에 또 아들이 도서관에 가려 할 때 "너, 도서관에서 공부만 해야지 다른 짓 하면 안 된다"는 등 자신의 생각이 부풀려져서 의심하는 말투로 아들을 대하게 될지도 모른다.

어떤 이들은 자신의 감정을 제대로 표현하지 못해, 감정이 쌓일 때마다 음식을 마구 먹어대는 경향이 있다. 이들은 아마도 어렸을 때 자신의 욕구를 알리기 위해 울기만 하면 누군가가 공갈 젖꼭지를 물려주었기 때문에, 그때부터 자신의 욕구나 감정을 표현하는 것이 방해를 받았을 것이라고 보는 상담가도 있다.

다시 말해 아기가 울면, 아기를 안아서 아기가 원하는 것을 표현하도록 기다리지 못하고 공갈 젖꼭지를 물려줌으로써 아기는 아주 어렸을 때부터 자신의 감정을 표현하지 못하도록 길들여졌다는 것이다.

심리학자인 존 포웰이 한번은 관계가 악화되어 찾아온 한 부인과 그의 딸을 상담하게 되었다. 상담을 하면서 보니 문제의 원인이 너무도 한심한 것이었다. 그 부인은 남편이 세상을 떠난 이후로 자녀들 앞에서 단 한 번도 눈물을 보이지 않았다.

그런데 엄마의 이런 모습을 본 사춘기 딸은 혼자 '엄마는 아빠를 사랑하지 않았다'고 단정했다. 그리고 엄마가 다른 애인을 사귀고 있다고 자기 나름대로 추측하고 오랫동안 엄마를 미워하였다. 그렇지 않아도 남편을 잃어 고통스러운데 사사건건 대들고 반항을 하니 엄마 역시 딸을 미워하지 않을 수 없었다.

그러나 부인이 눈물을 흘리지 않은 것은 자기 나름대로 사연이 있었기 때문이다. "전 아이들을 위해서 이를 악물고 강한 모습을 보이려고 애를 썼습니다. 아이들에게 아빠는 천국에 갔으며 죽음은 슬픈 것만이 아니라는 것을 깨닫게 해주려고 했던 겁니다."

우리가 감정을 표현하지 않으면 이처럼 엄청난 오해를 불러일으킬 수 있다.

왜 개와 고양이는 앙숙일까? 그것은 서로 간에 감정 표현이 다르기 때문이다. 개는 기분이 좋으면 꼬리를 치켜들고 살랑살랑 흔들어 대지만, 기분이 언짢으면 꼬리를 늘어뜨린다. 그러나 고양이는 정반대다. 기분이 좋을 때는 꼬리를 내리고, 성질이 나면 꼬리를 세운다.

이렇게 감정 표현이 서로 정반대다 보니 개와 고양이가 만나면 서로 싸울 수밖에 없는 것이다. 개가 고양이를 만나면 개는 반갑다고 꼬리를 쳐들고서 흔드는데, 고양이는 개의 이런 모습을 보고 '저 녀석이 나를 보고 기분이 나쁜가 보구나. 꼬리를 저렇게 세우고 있으니' 라고 생각을 한다.

한편 고양이가 개를 만났을 때 반갑다는 뜻에서 꼬리를 늘어뜨리는데, 이 모습을 본 개는 '저 녀석이 나를 보더니 기분이 나쁜가 보구나. 저렇게 꼬리를 축 늘어뜨리고 있으니' 하며 마음이 상하는 것이다.[12]

이처럼 자신의 감정을 표현하지 않으면 상대방은 미루어 짐작할 수밖에 없고, 그래서 추측을 하다 보면 서로 오해할 수밖에 없는 관계로 계속 꼬여가게 된다.

더욱이 우리에게는 삶의 한 부분일 뿐인 다양한 감정들 중에서 기쁘고 즐거운 것은 좋은 감정, 화내는 것은 나쁜 감정으로 이분화하는 경향이 있는데, 사실 감정은 '좋다', '나쁘다' 라고 판단할 수 있는 성질의 것이 아니다. 그것은 다만 인성의 일부로서 도덕과도 무관한 것이다. 감정은 에너지로서 그냥 내 마음 상태를 나타내 주는 '내 마음의 언어'일 뿐이다. 다른 말로 하면 감정은 내면에서 일어나고 있는 것을 알려주는 신호등과 같은 것이다.

✽ ✲✲ ✽ 감정은 에너지이기 때문에 억압하면 폭발한다?

'화가 치미는 기분'이 점점 쌓이면

병이 될지도 몰라요.

그러다가 어느 날 갑자기 폭발해서

누군가에게 상처를 입힐지도 몰라요.

입에 담을 수 없는 심한 말들로,

혹은 주먹으로…….13)

물론 자신이 느끼는 감정을 표현하는 것이 쉬운 일은 아니다. 대다수의 사람들은 감정을 직접적으로 표현하기보다는 자기 내부로 감정을 집어넣는 경향이 있는데 그 결과는 매우 비참하다.

간혹 텔레비전 뉴스를 보면 홧김에 아버지가 컴퓨터 모니터를 10층 베란다에서 떨어뜨렸다든지, 아니면 문자에만 매달리는 아들의 핸드폰을 방바닥에 내동댕이쳐서 박살을 낸 경우를 접할 수 있는데, 이것은 자신의 감정을 안으로 삭이고 또 삭이고 하다가 빚어진 결과다.

이처럼 우리는 그때그때 생겨나는 감정들을 표현하기보다는 뭔가를 수집하듯이 하나하나 마음속에 쌓아두는 경향이 있는데, 이것을 에릭 번은 '감정의 경품권 모으기'라고 하였다.

이것은 마치 어떤 가게나 회사가 경품권을 모은 고객에게 '상품'이나 '경품'을 주는 상황과 비슷하다. 예컨대, 피자나 치킨을 10번 시켜 먹고 모은 쿠폰을 주면 1판 혹은 1마리를 주는 것과 같다.

우선 수집된 다양한 경품권에는 색깔이 부여될 수 있는데, 각각의 색깔이 담고 있는 감정은 아래와 같다.

- 빨간색 : 분노 또는 적개심
- 초록색 : 질투
- 파란색 : 우울
- 하얀색 : 자기 정당성
- 갈색/회색 : 열등감

물론 각각의 감정에 주어진 색깔이 중요한 것은 아니다. 중요한 것은 경품권들을 여러 장 모은 후에 그것을 '심리적 경품'과 교환한다는 사실이다.

예를 들어, 어떤 사람들은 몇 장의 '초록색' 경품권을 두통이나 분노 발산하기와 교환한다. 또 다른 사람들은 여러 장의 '빨간색' 경품권을 모은 다음 가출을 하기도 하고, 때로는 알코올중독자가 되는 것을 당연하게 받아들인다. 또 다른 극단적인 경우에는 일생 동안 '파란색' 경품권을 모은 다음 자살이나 타살을 하는 경우도 있다.

그렇다면 여러분은 주로 어떤 색깔의 경품권을 수집하는 경향이 있는가? 그리고 모은 것을 가지고 무엇을 하였는가? 예를 들어, 우울 경품권이 5개 모이면 외출해서 영화를 볼 수도 있고, 또 분노 경품권이 10개 모이면 부부 싸움을 하거나 친구와 밤새도록 술을 마셔댈 수도 있을 것이다.

이처럼 얼마 동안은 감정을 감추거나 억압시킬 수 있지만, 그렇다고 해서 감추거나 억압시킨 감정이 없어지는 것은 아니다. 왜 그럴까? 감정은 에너지기 때문이다. 감정은 눈에 보이지는 않지만 에너지 덩어리기 때문에 모아두거나 억압시키지 말고 그때그때 발산시켜야 한다.

> 김을 빼주지 않으면 압력밥솥이 폭발하는 것처럼 감정도 표현하지 않고 마음속에 쌓아두면 병이 된다.

감정이 에너지라는 말은 압력밥솥에 밥을 하는 현상에 비유하여 설명할 수 있다. 우리가 잘 알다시피 압력밥솥의 뚜껑에는 딸랑거리며 수증기를 빼는 구멍이 하나 있다. 그런데 구멍이 막힌 상태에서 밥을 하면 압력밥솥은 어떻게 될까? 아마도 백발백중 폭발할 것이다.

김을 빼주지 않으면 압력밥솥이 폭발하는 것처럼 감정도 표현하지 않고 마음속에 쌓아두면 병이 된다.

그래서 '홧김에'라는 말이 있는 것이다. 이 말은 평소에 감정이 제대로 처리되지 않고 계속 쌓여 있다가 어느 시점에서 한꺼번에 폭발함으로써 돌이킬 수 없는 일을 저지르고 만다는 것을 의미한다.

지금까지 살펴본 것처럼 표현하지 않고 억압시킨 감정들은 시간과 더불어 저절로 없어지는 것이 아니기 때문에 풀어줄 필요가 있다. 그런데 이때 무분별한 감정 표현은 좀 자제해야 한다. 왜냐하면 자신의 감정을 무조건 쏟아놓고 "그래, 가슴에 쌓였던 것들을 다 털어놓고 나니 시원한데"라고 말할 수도 있으나, 이렇게 하는 과정에서 상대방에게 상처를 줄 수도 있기 때문이다.

그러면 어떻게 하면 좋을까? "너는…이다"라는 말보다는 "나는…이다"라고 '나'를 주어로 표현하는 것이다. 즉 너를 비난하는 것이 아닌 내 감정을 말하는 것이다.

"너 때문에 화가 나!", "너 때문에 미치겠어!", "귀찮게 굴지 말고 저리 가", "너 자꾸 늦게 들어올래?", "넌 왜 매일 동생하고 싸우니?"라고 하기보다는, "나는 지금 굉장히 피곤해", "내가 무척 걱정했단다", "동생하고 싸울 때마다 엄마는 많이 속상하단다"라고 내 감정을 표현하는 것이다.

그러니까 상대방을 탓하는 대신에 자기 자신이 느끼고 있는 감정을 또 왜 그렇게 느끼는지를 말하면 된다.

3장 내 마음은 공감받을 때 풀린다

✽ ✽✽ ✽ 공감이란?

이런 예화가 있다.

어느 기분 좋은 여름날, 갓 결혼한 부부가 저녁을 먹고 숲으로 산책을 나갔다. 둘이서 멋진 시간을 보내고 있는데 멀리서 어떤 소리가 들려왔다.
"꽥, 꽥!"
아내가 말했다.
"저 소릴 들어 봐. 닭이 틀림없어."
남편이 말했다.
"아니야, 저건 거위야."

아내가 말했다.

"아니야, 닭이 분명해."

남편이 약간 짜증 섞인 목소리로 말했다.

"그건 말도 안 돼. 닭은 '꼬꼬댁 꼬꼬!' 하고 울지만, 거위는 '꽥, 꽥!' 하고 울거든. 저건 거위라고."

또다시 소리가 들려왔다.

"꽥, 꽥!"

남편이 말했다.

"거 봐, 거위잖아!"

아내가 한 발로 땅을 구르며 주장했다.

"아니야, 저건 닭이야. 내가 장담할 수 있어."

남편이 화가 나서 말했다.

"잘 들어, 여보! 저건 거위라니까. 거위라고. 알아들었어?"

아내가 대들었다.

"그래도 저건 닭이야."

"이런 빌어먹을! 저건 분명히 거위라니까! 당신은 정말이지…."

남편이 입에 담아서는 안 될 말을 내뱉으려는 찰나 또다시 "꽥, 꽥!" 하는 소리가 들려왔다.

아내가 눈물을 글썽이며 말했다.

"저 봐, 닭이잖아."

그 순간 남편은 아내의 눈에 고인 눈물을 보았다. 그리고 마침내 자신이 왜 그녀와 결혼했는가를 기억했다. 그는 얼굴을 누그러뜨리고 부드럽게 말했다.

"미안해, 여보. 생각해 보니 당신 말이 옳아. 저건 닭이야."

아내는 남편의 손을 쓰다듬으며 말했다. "고마워요. 여보."
두 사람이 사랑 속에 산책을 계속하는 동안 숲에서는 다시금 소리가 들려왔다. "꽥, 꽥!"
남편이 마침내 깨달은 것은 이것이었다.
'그것이 닭이든 거위든 무슨 상관인가? 14)

이 예화에서 보듯이 인간관계, 특히 부부 관계 속에서 빚어지는 대부분의 문제들은 공감과 직결된다. 이를테면 우리는 매사에 있어서 그냥 상대방의 마음을 알아주고 또 받아주기보다는 옳고 그름만을 따지려 하거나, 아니면 판단하는 식의 말을 해서 서로에게 상처를 주는 경우가 많다.

많은 부부들이 겪고 있는 혹은 부모-자녀 간에 생기는 문제나 갈등은 옳고 그름의 문제가 아니라 서로 이해받지 못해서 생기는 것들이다. 다시 말해 우리는 서로 공감을 주고받지 못해서 상처받고 또 관계에 금이 간다.

우리가 흔히 주고받는 대화를 보면 다음과 같다.

아내: 여보! 요즘 따라 어깨가 자주 결리고 허리도 아파.
남편: 온 종일 집에 있으면서 하는 일이 얼마나 된다고 매일 아프다는 거야.

남편: 여보! 왠지 요즘 따라 직장 생활이 힘들어. 사표 내고 싶을 때가 한두 번이 아니야.
아내: 당신처럼 좋은 직장 다니는 사람이 그런 말하면 안 되지. 감사해. 감사하라고.

아들: 엄마, 내가 숙제하는데 동생이 너무 귀찮게 해.

엄마: 너는 형이 돼서 동생 하나 제대로 못 돌보니?

　우리가 상대방의 마음을 알아주고 또 상대방에게 공감하기보다 상처 주는 말을 이리도 쉽게 툭툭 내뱉는 것은 무엇 때문일까? 그것은 아마도 평상시에 자신의 마음을 돌아보고 감정을 살피기보다는 이성적으로 사고하는 데만 익숙해져서 모든 것을 옳고 그른 측면에서만 바라보기 때문이다. 즉 평상시에 우리는 가슴이 하는 말에 귀 기울이며 가슴으로 살기보다는 머리로 판단하고 추측하는 등 머리로 살아가는 데 익숙해져 있기 때문이다. 무엇보다도 자신의 감정을 살피는 데 무감각해지다 보니까 자연히 다른 사람의 감정에도 공감하는 반응을 보일 수가 없는 것이다.

　그렇다면 우리 자신의 신앙생활은 또 어떤가? 우리는 기도할 때 어떻게 하는가? 나의 가슴이 하는 말을 들으려 하기보다 더 나아가 그것을 하나님께 아뢰고 하나님이 뭐라고 하시는지 귀 기울여 듣기보다는, 머리로 나 자신의 삶을 판단하고 정죄하면서 죄책감에 사로잡힐 때가 훨씬 많다.

　사실 하나님은 우리에게 도덕적이고 윤리적인 삶을 요구하시는 것이 아니다. 그것보다는 하나님께 나아가 우리의 가슴에 있는 것들을 아뢰길 원하신다. 즉 하나님과 인격적인 교제를 통해 우리에게 평강 주시기를 원하신다. 이렇듯 하나님과 교제를 통해 우리 가슴에 응어리져 있던 것들이 풀리면 도덕적이고 윤리적인 삶은 자연스럽게 뒤따라오게 마련이다.

　지금까지 살펴본 것처럼, 우리가 수많은 대화를 주고받을지라도 대화 속에서 상대방에게 위로를 받는다고 느끼지 못하는 것은 바로 상대방의 말이 틀렸기 때문이 아니라 내 자신이 느끼는 감정에 공감을 받지 못했기 때문이다.

> 우리가 수많은 대화를 주고받을지라도 대화 속에서 상대방에게 위로를 받는다고 느끼지 못하는 것은 바로 상대방의 말이 틀렸기 때문이 아니라 내 자신이 느끼는 감정에 공감을 받지 못했기 때문이다.

예컨대 이혼했다는 그 사실보다 이혼을 할 수밖에 없었던 그 심정을 못 알아줄 때 우리는 속상할 수 있다. 또 직장에서 해고되었다는 사실 그 자체보다도 억울하게 해고된 것에 대해 누군가와 나눌 수 없다는 것이 우리를 외롭고 힘들게 한다.

우리는 모두 이처럼 공감에 목말라 하는데, 그렇다면 공감을 어떻게 정의할 수 있을까?

로마서 12장 15절 "즐거워하는 자들과 함께 즐거워하고 우는 자들과 함께 울라"처럼, 공감이란 나 자신의 입장, 인식, 편견에서 벗어나 상대방의 처지가 되어 그의 주관적인 세계를 이해하는 것이다. 즉 상대방의 가슴속에 있는 '마음의 소리'를 듣는 것이다. 마치 상대방의 안경을 쓰고 사물을 보는 것같이 상대방의 처지에서 그의 감정에 귀 기울이고 그의 감정을 있는 그대로 느껴보는 것이다.

공감을 할 때는 상대방의 감정과 기분을 정확하게 이해하는 것과 더불어 내가 이해한 바를 상대방에게 정확하게 표현해 주는 것 또한 중요하다. 왜냐하면 전달하지 않은 공감은 공감이 아니기 때문이다. 우리 문화에서는 이심전심이라 하여 '말하지 않아도 상대방이 알겠지' 하고 넘어가거나, 감정을 굳이 말로 표현하는 것을 어색해하고 힘들어하는 경우가 많다.

하지만 공감을 말로써 정확하게 표현해 주지 않으면 상대방은 내가 자신의 기분을 이해했는지 이해하지 못했는지를 제대로 알지 못한다. 따라서 상대방의 기분을 이해했으면 내가 이해한 바를 정확하게 말로써 표현해 주어야 한다.

✽ ✽ ✽ ✽ 진정한 공감이 무엇인지를 보여주는 이야기: 파리와 남자

한번은 어떤 남자가 나를 만나러 왔다. 그는 자기 뱃속에 파리 두 마리가 들어가 있다는 환상에 시달리고 있었다. 그는 입을 벌리고 자는 버릇이 있는데, 그 틈에 파리가 뱃속으로 들어갔다고 생각하고 있었다. 그리고 파리는 그의 뱃속에서 윙윙거리며 날고 있었다. 그는 줄곧 걱정에 시달리는 나머지, 한 자세로 가만히 앉아 있을 수도 없었다. 그는 계속 이쪽저쪽을 왔다갔다하며 "그놈들이 이쪽으로 왔습니다. 이젠 저쪽으로 갔습니다" 하고 말했다. 그는 거의 미칠 지경에 있었다.

그는 여기저기 의원을 찾아가 보았지만 도움이 되지 않았다. 그들은 한결같이 웃음을 터뜨리며 "그것은 당신의 상상일 뿐입니다" 하고 말했다. 그러나 불행한 상상에 빠져 있는 사람에게 그렇게 말하는 것은 전혀 도움이 되지 못한다.

왜냐하면 그는 실제로 고통을 받고 있었기 때문이다. 그들의 처지에서 보면 그것은 상상에 불과할지도 모른다. 그러나 그에게는 그것이 상상이든 현실이든 아무 차이가 없다. 그는 현실과 똑같은 고통에 시달리고 있는 것이다. 그대가 그것을 무엇이라고 부르든 아무것도 달라지지 않는다.

나는 그의 배를 만지며 말했다.

"그렇군. 그 놈들이 여기에 있군."

내 말을 듣고 그는 매우 기뻐했다. 그는 나의 발을 만지며 경의를 표하고는 이렇게 말했다. "당신이 제 고충을 알아주는 유일한 분입니다. 지금까지 용하다는 의원은 거의 다 만나보고 온갖 방법을 다 써보았지만 그들은 모두 어리석었습니다. 그들은 똑같은 말을 되풀이했습니다. 그래서 나는 그들에게 이렇게 말했습니다. '여보시오, 약이 없으면 없다고 말하시오. 왜 자꾸 내가 환상에 빠져 있다고 말하는 것이오?' 이제 제 고충을 알아주는 분을 만났습니다. 당신은 아시지요?"

내가 말했다.

"나는 알 수 있습니다. 분명히 파리가 그대 뱃속에 있습니다. 나는 이런 문제를 다루는 데에는 전문가입니다. 그대는 사람을 제대로 만났습니다."

계속해서 내가 그에게 말했다.

"자, 여기에 누워 눈을 감으세요. 내가 그대에게 눈가리개를 하고 그 놈들을 꺼낼 것입니다. 입을 벌리고 있으면, 내가 주문을 외워 그 놈들을 불러낼 것입니다."

그는 기뻐서 어쩔 줄 몰라 했다. 그가 말했다.

"진작 이런 조치가 취해져야 했습니다."

나는 그의 눈에 가리개를 씌우고 입을 벌리라고 말했다. 그가 매우 행복해하며 자리에 누웠다. 그는 파리가 밖으로 나오기를 기다리고 있었다. 그를 그런 상태로 놔두고 나는 재빨리 집안으로 뛰어 들어갔다. 파리 두 마리를 잡기 위해서였다(인도에는 파리가 많다). 내게 그것은 매우 어려운 일이었다. 전에 나는 한 번도 파리를 잡아본 적이 없었다. 그러나 가까스로 파리를 잡을 수 있었다. 그가 눈을 떴을 때, 나는 병 속에 갇힌 파리 두 마리를 보여주었다.

그가 말했다.

"이 병을 제게 주십시오. 그 바보들에게 보여주어야겠습니다."

그러고 나서 그는 완전히 회복되었다.

이 이야기의 주인공이 '내 뱃속에 파리 두 마리가 들어가서 날아다니고 있다'고 생각하는 것은 보통 사람들의 기준에서 보면 우스꽝스럽기 짝이 없을 뿐만 아니라 그야말로 터무니없는 얘기다.

하지만 여기서 주목해야 할 점은 주인공이 바로 이 비현실적인 생각 때문에 몹시 괴로워하고 있다는 것이다. 사실 실재보다 환영을 지워 없애는 것이 더 어려울 수 있다. 그래서 비현실적 상상이지만 그로 인해 주인공은 실제로 생생한 고통에 시달리고 있는 것이다. 따라서 주인공이 비합리적 상상을 버리거나, 또는 그 상상이 일으킨 문제를 적절한 방법으로 풀어내지 않는 한 주인공의 고통은 끝나지 않을 것이다.

그러면 어떻게 해야 할까? 이야기의 내용 속에도 포함되었지만 주인공의 상상이 잘못되었다고 설득하는 것은 효과가 없다. 그 대신 주인공의 상상에 대한 가치 판단을 완전히 배제하고 주인공의 논리를 인정해주는 것이다. 이야기의 내용을 보더라도 주인공의 논리를 그대로 인정해 주면서, 주인공의 사고를 있는 그대로 거울처럼 반영해 주면서 행동하자, 결과는 확실한 효과를 거두었다.

결국 주인공이 공감을 받을 때 문제가 해결되었다. 이 이야기의 주인공은 상대방이 자신의 가슴속에 있는 '마음의 소리'를 들어줄 때 비로소 고통으로부터 벗어날 수 있었던 것이다.15)

✽ ✽ ✽ 사랑의 시작은 공감에서부터

엄마 고슴도치의 사랑 이야기

엄마 고슴도치는 비가 오면
아기 고슴도치를 위해 나무 밑에 자리를 마련해 쉬게 해주고,
눈보라가 칠 때면 바람막이가 되어주며
꽁꽁 얼어붙을 때까지 자리를 떠나지 않았습니다.
안타까워하면서도 서로의 가시에 찔려 상처가 날까 봐
바라만 볼 수밖에 없어 가슴이 아팠습니다.
어느 날 견디기 힘든 폭풍이 밀려오자
엄마 고슴도치는 자기도 모르게

아기 고슴도치를 부둥켜안고 말았습니다.

둘은 서로의 가시에 찔려 피투성이가 되고 말았고,
더 이상 다가가지도 못한 채 그저 서로를 안쓰러워하며
눈물만이 흘러내렸습니다. 16)

"고슴도치도 제 새끼는 함함하다"는 말이 있다. 여기서 '함함하다'는 '보드랍고 윤기가 있다'는 뜻이다. 하지만 우리가 알다시피 고슴도치는 온몸이 밤송이처럼 가시로 덮여 있다. 전혀 보드랍지 않고, 윤기는커녕 칙칙하기만 하다. 그런데 어떻게 이런 말이 생겼을까?

이 말은 거친 털을 가진 고슴도치도 제 새끼의 털은 보드랍고 윤이 자르르 흐르는 것처럼 생각한다는 뜻이다. 즉 자기 자식은 무조건 예쁘게 보이는 것이 모든 부모의 마음이라는 것을 비유한 말이다. 그렇다. 정상인이라면 자기 자식을 사랑하지 않는 사람은 없을 것이다. 지금 이 책을 읽고 있는 여러분이 부모라면 누가 물어도 '나는 내 자녀들을 사랑합니다'라고 자신 있게 대답할 수 있을 것이다.

이처럼 우리는 부모에게 참으로 많은 사랑을 받았다. 하지만 많은 사랑을 받은 것만큼이나 상처 또한 많이 받았는데, 그렇다면 엄마 고슴도치가 아기 고슴도치를 품에 안을 때 서로 가시에 찔려 피투성이가 된 것처럼 부모의 사랑이 자식에게 도리어 상처로 변해버리는 것은 무엇 때문일까?

정답을 한마디로 말하면, 자식의 입장이 되어 자식이 원하는 방식으로 사랑을 주려 하기보다는, 부모인 내가 좋아하는 방식으로 자식을 사랑해 주기 때문이다. 다시 말해, 상대방에 대한 공감이 결여된 자기 식의 사랑을 베풀기 때문이다.

아이는 편안한 추리닝을 입고 싶어 하는데 엄마는 백화점에 디스플레이 된 비싼 정장을 사주는 것으로 자식에 대한 사랑을 표현한다면, 아이가 부모의 사랑을 가슴 뭉클하게 느낄 수 있겠는가? 간식으로 아이는 치킨을 먹고 싶어 하는데 엄마는 몸에 좋은 것을 먹어야 한다며 매일 떡을 사다 준다면, 아이는 자신이 사랑받고 있다는 느낌을 받을 수 있겠는가?

이것은 배우자와의 관계 속에서도 마찬가지다. 남편이나 아내가 평생 자신의 배우자를 사랑했는데, 정작 그들은 자신들이 사랑받고 있다고 느끼질 못했다면? 이것처럼 황당하고도 슬픈 일이 또 어디 있을까?

이 세상의 모든 사람들은 서로 다르다. 얼굴 생김새가 다르고, 성격, 취미, 음식 선호도 등등 모든 면에서 다르다. 뿐만 아니라 한 개인 내에서도 시시각각으로 선택이 달라진다. 이를테면 내가 어느 때는 돼지고기를 넣은 김치찌개를 먹고 싶어 하지만, 또 다른 때는 참치를 넣은 김치찌개를 찾게 된다. 한 개인이 김치찌개를 먹는 데 있어서도 때에 따라 선호하는 취향이 달라지는 상황에서, 내가 좋아하는 방식을 상대방도 좋아한다고 확신할 수는 없지 않겠는가!

이런 연유로 우리는 부모로부터 사랑을 받고도 사랑을 받지 못했다고 느끼는 난센스에 직면할 수밖에 없는 것이다. 이렇듯 공감이 배제된 일방

> 공감이 배제된 일방적인 사랑은 우리로 하여금 사랑받고 있다고 느낄 수 없게 만든다.

적인 사랑은 우리로 하여금 사랑받고 있다고 느낄 수 없게 만든다. 결국 사랑은 공감에서부터 시작된다고 할 수 있다.

이처럼 일방적인 사랑이 아닌, 상대방이 원하는 방식으로 사랑을 주는 것은 너무나 중요한데, 「5가지 사랑의 언어」의 저자인 게리 채프먼(Gary Chapman)에 의하면, 우리가 우리의 배우자나 자녀들에게 그들이 원하는 방식으로 사랑을 줄 때 비로소 그들은 자신들이 사랑받고 있다고 느끼게 된다고 말한다.17)

다시 말해 사람마다 사랑을 느끼고 표현하는 방법이 다 다르기 때문에 상대방이 원하는 방식으로 사랑을 표현하지 않으면, 아무리 사랑 표현을 많이 해도 상대방은 사랑받고 있다고 느끼지 못한다는 것이다.

예컨대 어떤 아내는 누군가가 자기의 일을 도와줄 때 사랑받고 있다고 느낀다. 그런데 남편이 자신의 일을 도와줄 생각을 전혀 하지 않는다면, 아내는 남편이 자기를 사랑하지 않는다고 생각할지도 모른다. 물론 남편은 아내를 사랑하지만 아내의 할 일과 남편의 할 일은 다르다고 생각하기 때문에 아내의 일을 도와주지 않는 것일 수 있다. 이런 사실을 기억하는 것은 중요하다. 이런 식으로 배우자에게 사랑받지 못한다고 느끼는 것이 반복되면 어느덧 부부 사이에는 금이 갈 수밖에 없기 때문이다.

게리 채프먼에 의하면 모든 사람에게는 사랑을 느끼는 자신만의 독특한 방식이 있는데, 한 사람이 진정으로 사랑받고 있음을 느끼게 하려면 그만의 사랑의 언어를 구사하는 법을 배워야 한다고 주장한다. 그는 '사랑을 느끼는 자신만의 독특한 방식'을 '사랑의 언어'라고 표현하는데, 이 말은 각 민족마다 언어가 다르듯이 사람들마다 사랑을 주고받는 방법이 다르다는 것을 의미한다.

사랑의 언어들을 종합해 보면 크게 다섯 가지 언어로 분류될 수 있는데, 이 사랑의 언어들에는 인정하는 말, 함께하는 시간, 선물, 봉사, 육체적인 접촉(스킨십)이 있다. 이것들 각각을 좀더 구체적으로 하나하나 살펴보면 다음과 같다.

첫째 사랑의 언어는, 인정하는 말이다.

인정하는 말이란 상대방에 대한 칭찬과 감사를 말로 표현하는 것이다. '당신이 최고야', '당신은 이런 걸 참 잘하더라', '네가 자랑스러워', '사랑해', '고마워', '잘했어' 와 같은 칭찬하는 말이나 격려하는 말, 그리고 애정이 깃든 말(때로는 글)로 배우자나 아이들에게 표현해 줄 때, 그것이 어떤 배우자나 아이들에게는 사랑의 언어가 되어 자신들이 사랑받고 있다고 느끼게 되는 것이다.

마크 트웨인도 "나는 한 번 칭찬을 받으면 두 달간은 잘 지낼 수 있다"고 한 것을 어느 책에선가 본 적이 있다. 말은 힘이 있다. 말을 통해 사랑을 줄 수도 있고 빼앗을 수도 있다.

> "죽고 사는 것이 혀의 힘에 달렸나니 혀를 쓰기 좋아하는 자는 혀의 열매를 먹으리라"   잠 18:21

둘째 사랑의 언어는, 함께하는 시간이다.

함께하는 시간이라 함은 누군가에게 온전히 관심을 집중시키는 것으로써, 분산되지 않은 관심을 가지고 무언가를 함께하는 것이다. 예를 들어 함께 외식을 하면서 상대방의 말을 경청해 주는 것, 산책, 장난감을 가지고 함께 시간을 보내주는 것 등이 이에 포함된다.

일반적으로 남녀의 다른 점 중에서 대다수의 남편들은 같은 공간에 있으면 시간을 함께 보내는 것이라고 생각하는데, 아내들은 그렇지 않다고 한다. 아내들은 공간적으로뿐만 아니라 심리적으로도 함께할 때 비로소 사랑받고 있다고 느낀다. 이처럼 함께하는 시간이란 물리적인 공간뿐만 아니라 심리적으로도 함께하는 활동을 통해 서로 사랑을 주고받는 행위를 뜻한다.

그렇기 때문에 아이가 설거지를 하는 엄마에게 자기와 함께 놀아 달라고 조를 때, 설거지를 멈추고 아이와 함께하기보다 설거지를 하면서 아이에게 한 번씩 반응을 보이는 것은 진정한 의미에서 함께하는 시간이라고 볼 수 없다.

이처럼 아이와 진정으로 함께하는 시간을 갖는다는 것은 쉬운 일이 아니다. 하지만 자신의 사랑의 언어가 '함께하는 시간' 인 아이에게 있어서는 부모가 함께하는 것 자체만으로도 아이에게는 귀한 선물이 된다. 이런 아이에게 부모가 자기와 함께하는 것을 무엇보다도 우선으로 할 때, 아이는 자신이 충분히 사랑받고 있다고 느끼게 될 것이다.

셋째 사랑의 언어는, 선물이다.
어떤 사람에게 있어서 선물은, 크고 작음에 상관없이, 사랑을 나타내는 상징으로 큰 의미를 갖는다.
이런 이야기가 있다. 아버지가 외국 여행을 갔다 오면서 열네 살 딸에게 반지를 하나 사다 주었다. 딸은 별 반응 없이 반지를 서랍에 집어넣었다. 그리고 사춘기를 맞이한 딸은 여느 청소년들처럼 방황하기 시작했다. 이유 없이 부모님께 반항하는 나날들이 계속되었다. 그러던 중 문득 반지를 보며 아버지의 사랑을 깨닫게 됐고, 그 순간 서랍에 있던 반지를 자신의 손가락에 꼈다. 그 반지가 의미하는 것을 너무나 잘 알고 있는 아버지와 딸은 함께 한참을 울었다. 선물은 자신이 생각지도 못했던 큰일을 해낼 수 있다.
이처럼 선물이 사랑의 언어인 이유는 선물은 사랑을 상징하기 때문이다. 선물과 관련하여 한 가지 기억할 것은 선물은 대가를 기대하지 않고 자발적으로, 무조건적으로 줄 때 비로소 진정한 선물이 된다는 것이다. 반면에, 이번 중간고사에서 1등을 하면 핸드폰을 사준다는 등의 조건을 거는 것은 선물이 아니고 뇌물이다. 그리고 단순히 미안한 마음에 사주는 것도 뇌물이다. 흔히 부모 된 우리는 조건을 달거나 미안한 마음 때문에 아이들에게 선물을 할 때가 많은데, 뇌물을 통해서는 아이들이 절대로 부모의 사랑을 느낄 수 없다는 것을 기억해야 한다.

넷째 사랑의 언어는, 봉사다.

봉사라 함은 상대방이 원하는 바를 대신 해주는 것이다. 요리를 해주거나 방 청소를 해주는 것, 혹은 설거지를 대신해 주거나 숙제를 도와주는 그런 봉사의 손길을 통해 어떤 사람들은 자신이 사랑받고 있다고 느낀다.

그렇기 때문에 봉사가 자신의 사랑의 언어인 아이들이 장난감 로봇을 고쳐 달라거나 자전거를 고쳐 달라고 하는 것은 단순히 그 일만을 해달라고 요구하는 것이 아니다. 즉 부모에게 사랑을 달라고 하는 것이다. 이럴 때에는 적극적으로 임해야 하는데, 왜냐하면 이 일을 통해 아이는 자신이 사랑받고 있다고 느끼기 때문이다.

다섯째 사랑의 언어는, 육체적인 접촉 즉 스킨십이다.

어떤 사람에게는 등을 토닥거려 주거나 손을 잡아 주는 것, 혹은 포옹하며 안아주는 것, 그리고 부부 관계에 있어서 성적인 관계를 맺는 것과 같은 육체적인 접촉, 즉 스킨십이 사랑의 언어가 된다.

특별히 아기일 때는 스킨십이 절대적으로 필요하다. 또 그렇게 해줄 수밖에 없는데, 스킨십을 많이 받은 아기들은 그렇지 않은 아기들에 비해 훨씬 건강하고 정서적으로도 안정된다는 것이 의사들과 심리학자들의 공통된 연구결과다. 물론 스킨십이 아기 때만 필요한 것은 아니다.

자신의 사랑의 언어가 '스킨십'인 아이들은 "책상에 앉아 공부하면서 제일 좋은 것은 엄마가 오셔서 목과 어깨를 주물러주기도 하고 또 등을 두드려주실 때입니다. 문제가 잘 풀리지 않아도 엄마가 그렇게 해주시면, 엄마에게 사랑받고 있다는 생각에 기분이 좋아집니다"라고 말한다.18)

이렇듯 상대를 만져주거나 포옹함으로써 "너를 사랑해", "너는 참으로 소중해"라는 말들을 대신 전할 수 있다. 한 가지 덧붙일 것은 사랑의 언어가 육체적 접촉인 아이들에게 따귀를 때린다든지 하는 심한 육체적 체벌을 가하는 것은 아주 치명적이라 할 수 있다.

여러분들은 이 다섯 가지 사랑의 언어 중에서 어느 것을 통해 자신이 사랑받고 있다고 느끼는가?

이미 앞에서도 언급했듯이 사랑으로 지어진 우리 각자에게는 채워져야 할 사랑의 그릇이 있는데, 우리가 누군가와 함께 살아간다는 것은 이 사랑의 그릇을 채워가는 것이다. 이때 각자의 사랑의 그릇은 무엇보다도 각자가 원하는 방식으로 채워져야 한다. 그럴 때 비로소 서로의 관계는 원만해질 수 있으며, 또 서로 행복해질 수 있다.

✽ ✽✽ ✽ 공감하는 것이 왜 그리 어려울까?

지금까지 살펴본 것처럼 공감의 중요성은 아무리 강조해도 지나치지 않다. 왜냐하면 사랑을 아무리 많이 주어도 공감 없이 자기 방식으로 주는 것은 상대방으로 하여금 사랑받고 있다는 느낌을 받지 못하도록 하기 때문이다.

특별히 아이들은 공감을 먹고 자라기 때문에 어린 시절 부모의 공감 능력은 매우 중요하다. 여기서 공감 능력이라 함은 엄마가 아이가 무엇을 원하는지를 알아차리는 능력으로써 엄마에게서 받는 공감 정도에 따라 아이의 자기(self), 즉 자신만의 고유성이나 자기다움이 견고하게 형성될 뿐만 아니라 자기 자신에 대해 긍정적이 된다.

앞에서도 언급했듯이 아기가 울 때 부모가 안아서 달래 준다든지 아니면 우유를 주거나 기저귀를 갈아주면 아기는 만족해하며 자신이 괜찮은 존재라는 것을 배우게 된다. 반대로, 아기가 우는데도 달래주지 않으면 아기는 자신의 몸에서 느껴지는 욕구들이 거부당하는 것을 보면서 자신을 별 볼일 없는 존재로 여기게 된다.

이런 식으로 아기가 처음에는 생리적 욕구에 대한 공감을 통해 긍정적인 자기 인식을 갖게 되고, 그다음은 아이가 경험하고 느낀 것에 대한 감정적인 공감을 통해 긍정적인 자기 인식을 하게 된다.

예를 들어, 아이가 밖에서 친구들과 놀다가 한 대 얻어맞고 울면서 현관문에 서 있다고 가정해 보자. 만약에 부모가 "사내 녀석이 왜 그렇게 질질 짜, 여자처럼. 뚝" 그러면서 울지 말라고 야단을 친다면, 이 아이는 남자란 어떤 일이 있어도 속상하고 슬픈 감정을 표현하면 안 되는 것으로 인식을 하게 된다.

이와 반대로 "우리 아들 정말 아프겠구나! 화도 나고" 하면서 아이의 감정에 공감을 해주면, 아이는 자신이 느끼는 감정에 아무런 문제가 없다고 생각을 하게 된다. 다시 말해 아이는 "내가 아파서 울고 또 억울하게 맞아서 화가 나는 것은 자연스러운 것이로구나"라고 느끼게 된다.

더 나아가 다른 사람이 자신의 감정이나 생각을 표현했을 때도 그것을 받아줄 수 있는 여유를 갖게 된다. 즉 자신과 다른 사람의 '다름'을 인정하는 법을 배우게 되는데, 우리가 인간관계 속에서 서로의 '다름'만 인정을 해도 많은 문제들이 해결될 수 있을 것이다. 왜냐하면 우리에게는 상대방이 나 자신과 다를 때 그 사람을 '틀리다' 내지는 '옳지 않다'고 판단을 하는 경향이 있기 때문이다.

이처럼 아이가 자신의 감정이나 생각이 받아들여지는 경험을 하게 되면, 아이는 자기 자신을 긍정적으로 생각하게 된다. 그리고 더 나아가 다른 사람들의 감정이나 생각까지도 존중하게 될 것이다.

여러분은 생활 속에서 얼마나 공감적인 대화를 하고 있는가? 예를 들어 다음의 상황에 첫 번째 반응을 보이는 유형인가? 아니면 두 번째 반응을 보이는 유형인가?

아이가 우유를 컵에 따르다가 그만 식탁에 쏟고 말았다. 이때 우리의 반응을 두 가지로 나누어 생각해 볼 수 있다. 첫째는 공감을 해주는 경우다. "우리 OO가 우유를 엎질렀구나! 많이 놀랐지? 괜찮아. 다음부터 조심하면 돼." 두 번째는 공감을 해주지 못했을 경우다. "또 엎질렀어. 너는 뭐 하나 제대로 하는 게 없구나."

아이가 한 행동이 곧 아이인 것처럼 여겨서 야단을 치다 보면 아이는 진짜 자기 자신을 우유 하나 제대로 따르지 못하는 멍청이로 생각하게 된다. 그렇기 때문에 공감을 해주거나 공감을 해주지 못했을 때 아이에게 긍정적 혹은 부정적으로 미치는 영향은 하늘과 땅 차이처럼 엄청나게 크다고 할 수 있다.

그렇다면 아이에게 이토록 중요한 공감을 부모인 우리는 왜 잘하지 못하는 것일까? 공감은 바로 머리로 깨달은 것으로 하는 것이 아니라 내면에 저장된 것으로 해야 하기 때문이다.

우리 대다수는 어린 시절 공감 받은 경험이 그리 많지 않기 때문에 저축된 공감 경험이 거의 없다. 즉 돈이 없으면 남에게 무언가를 사줄 수 없듯이, 내면에 저축된 공감 받은 경험이 없으면 남에게도 공감을 해줄 수가 없는 것이다.

그렇다. 부모 된 우리가 어린 시절 부모에게 공감 받지 못한 것을 안타까워하며 자신의 자녀에게는 공감을 잘해 주려고 애를 쓰지만 잘되지 않는 것은 우리 내면에 저축된 공감 받은 경험이 거의 없기 때문이다.

우리는 때때로 깜짝깜짝 놀랄 때가 있다. 왜냐하면 "엄마 말을 잘 들으면 자다가도 떡을 얻어먹는다" "사내자식이 울긴 왜 울어" 등 이런 말들을 자식에게 하는데, 이 말들은 우리가 어린 시절에 우리 부모에게서 귀가 따갑게 들었던 말들이기 때문이다. 내면에 저축된 것들이 공감의 말들이 아니라 야단치고 비난하는 말들이기

> 내면에 저축된 것들이 공감의 말들이 아니라 야단치고 비난하는 말들이기 때문에, 우리 입으로 나오는 것도 그런 말들일 수밖에 없다.

때문에, 우리 입으로 나오는 것도 그런 말들일 수밖에 없다.

그렇다면 우리의 어린 시절은 어떠했을까? 우리 대다수는 공감해 주는 말보다는 주로 명령하고, 비난하고, 비교하고, 지레짐작하는 말들을 들으며 자라왔다.

- ◆ 비교하기: "옆집 OO는 이번 기말고사에서 또 1등 했다더라."
- ◆ 지레짐작: "너 도서관 안 가고 PC방 갔다 왔지?"
- ◆ 설교하기: "학생의 본분이 뭐야? 열심히 공부하는 거 아냐?"
- ◆ 명령하기: "빨리 TV 끄고 들어가서 공부해."
- ◆ 비난하기: "이걸 점수라고 받아왔니?"
- ◆ 충고하기: "노는 애들하고 가까이 지내면 안 돼."
- ◆ 빈정대기: "너 이번이 몇 번째 거짓말인지 알아?"

그렇기 때문에 우리에게는 누구나 어린 시절 공감을 받지 못해서 생긴 '내면의 어린아이'가 있다. 다시 말해 우리의 마음속 깊은 곳에는 어린 시절에 받은 상처들이 자신을 알아달라고 지금도 울부짖고 있다. 따라서 과거에 받은 상처들로부터의 애도 과정이 필요한데, 그러기 위해서는 먼저 우리 자신이 고된 유년기를 보냈다는 것을 인정해야 한다. 그리고 이제는 내가 나에게 새로운 방식으로 부모 역할을 주어야 한다.

즉 우리 자신은 과거에 받은 상처로 생긴 '내면의 어린아이'에게 공감해 주는 부모가 되어야 한다. 그래서 그 옛날 우리의 부모들처럼 "그게 뭐야?"라고 비난하지 말고, 내가 나에게 진심 어린 공감을 해주어야 한다. 그때 비로소 치유가 일어난다. 만약 이 내면 아이의 나이가 6살이면 이 심리적 나이에 맞게 공감을 해주어야 하는 것이다.

이를테면 "너 왜 또 아들에게 화냈어? 엄마가 되어서 만날 화만 내고 그러면 되겠니? 아이처럼…" 이런 식으로 비난할 것이 아니라, "괜찮아, ○○야, 그럴 수도 있지 뭐?" 하면서 내가 나에게 공감을 해주어야 한다. 마찬가지로, 남편이 내 마음을 알아주지 않을 때도 속상해하면서 끙끙 앓지 말고 "○○야, 남편이 네 마음을 알아주지 않아서 속상했지?"라고 하면서 이때에도 내가 나에게 공감을 해주어야 한다.

한편 남편이 상황에 맞지 않게 버럭 화를 낼 때에도 공감 받지 못한 남편의 심리적 나이가 몇 살인가를 생각해 본다면, 일어날 수 있는 많은 갈등 상황들을 미리 예방할 수 있을 것이다.

내가 내 감정을 포착해서 공감해 주는 것, 이것이 바로 치유로 향하는 첫발을 내딛는 것이다. 그리고 우리는 하루에도 여러 번 현재의 기분이 어떤지 나 자신에게 물어보면서 자신의 감정 상태를 체크하는 것이 좋다. 왜냐하면 감정과 욕구는 서로 연결되어 있어서 나의 감정을 통해 나의 욕구나 필요를 알 수 있기 때문이다.

이를테면 외롭다고 느껴질 때는 친구를 만날 수도 있고, 아침에 출근하는 남편과 다투어서 마음이 편치 않게 느껴질 때는 남편에게 문자로 자신의 감정을 표현할 수도 있다. 이런 식으로 부모가 아이의 욕구를 알아차리고 채워주듯이, 내가 나 자신에게 부모가 되어 나의 욕구를 채워줄 때 이것이 바로 나를 귀하게 여기고 사랑하는 것이 된다.

공감은 최고의 치료약이다. 내가 나를 공감해 준다는 것은 나를 있는 그대로 받아들이고 사랑하는 것이다. 이렇듯 먼저 내가 나에게 충분히 공감을 해주다 보면 컵에 물이 가득한 후에는 컵 밖으로 흘러넘치듯이, 내가 나에게 해준 그 공감이 후에는 배우자, 자식, 그리고 이웃에게로 자연스럽게 흘러들어가게 될 것이다.

✽ ✽✽ ✽ 공감을 받지 못하면 자신만의 율법들이 생긴다

살아가면서 혹은 인간관계 속에서 가장 중요한 것이 무엇일까? 어떻게 해야 서로 화목하게 지낼 수 있을까? 답은 바로 '모든 것을 판단하지 않고 현재 있는 그대로 보는 것'이다. 모든 것을 있는 그대로 본다면 문제가 생길 것도 관계가 꼬일 것도 없다.

예를 들어, 내일이 시험인데 아이가 아프다며 짜증을 부린다. 물론 이때 엄마가 아이의 아픈 상태를 있는 그대로 받아들여서 공감을 해주면 아무 문제가 없다. 하지만 부모인 우리는 어떤가? "너는 왜 만날 시험 때만 되면 아프다고 하니? 시험 때만 되면 아픈 것은 꾀병이야, 꾀병"이라고 하면서 넘겨짚을 때가 많다.

즉 상대방을 있는 그대로 받아들여주기보다는 판단하는 말로 받아치려고 한다. 그러면 아이는 어떤가? 시험을 앞두고 자신의 몸이 아프기 때문에 본인이 더 속상한데 엄마가 그 마음을 몰라주니까 당연히 상처를 받게 된다. 게다가 엄마에 대해 마음의 문까지 닫아 버릴 수 있다. 이런 식으로 문제가 생겨서 인간관계는 조금씩 꼬여가게 된다.

하지만 모든 것을 있는 그대로 보면서 공감해 주는 것 또한 말처럼 그렇게 쉽지가 않다. 그렇다면 그 이유는 무엇일까? 한마디로 말해, 세상에는 고정되어 있는 것이 하나도 없고 모든 것은 순간순간 변해가는 과정 중에 있다는 것이 우주의 진리임에도, 우리는 과거의 틀을 현재의 순간으로 가져와 적용시키는 경향이 있기 때문이다.

앞에서도 예를 들었지만 현재의 아들과 과거 한두 달 전의 아들은 다르다. 몸의 상태도 그렇고, 심리적인 면에서도 그렇다. 따라서 아들이 과거 중간시험 기간에 아팠던 경험을 현재 기말시험 기간에 가져와 그대로 적용하는 것은 옳지 않다.

그렇지 않은가. 어떤 사람이 과거에 양식을 좋아했다고 해서 현재에도 양식을 좋아한다고 판단하는 것은 무리다. 그 사람이 현재에는 된장찌개와 같은 한식을 좋아할 수도 있지 않겠는가?

예를 하나만 더 들어보자. 아내가 퇴근하는 남편을 위해 돼지고기를 넣고 김치찌개를 맛있게 끓여 놓았다. 그런데 남편은 오늘따라 돼지고기를 넣은 김치찌개에는 손이 가지 않는다. 아내가 왜 먹지 않느냐고 묻자, 남편이 말하길 오늘은 왠지 고기를 넣지 않고 멸치만 넣은 담백한 김치찌개가 먹고 싶다고 한다. 그러면 아내는 어떤가. 남편의 이런 마음에 공감하기보다, 당신은 돼지고기를 넣은 김치찌개를 좋아하는데 오늘따라 왜 이리 까다롭게 구느냐며 오히려 화를 내기 쉽다.

이것이 우리의 현실이다. 우리의 머릿속에는 이미 많은 경험들이 이미지화되어 있어서 그 경험의 색안경으로 세상을 보려고 하는 경향이 있다. 그래서 그런 과거의 경험들이 현재의 상황을 있는 그대로 보지 못하도록 방해하는 것이다.

이처럼 우리에게는 과거에 했던 경험을 현재의 순간으로 가져와 적용시키려는 경향이 있는데, 이런 경향성을 '틀'(율법)이라 한다. 다시 말해, 나 자신이 갖고 있는 틀이란 "반드시 ~해야 된다"라는 나만의 고정관념으로, 이 틀은 과거에 특히 부모와 자식 관계 속에서 만들어진 것들이 대부분이다. 바로 이런 틀 때문에 우리는 늘 내가 편리한 쪽으로 생각할 뿐만 아니라 내 틀을 상대방에게도 강요하게 된다.

그리고 틀이 많으면 그만큼 틀의 제약을 많이 받는다는 것이고 그러면 사람이나 상황을 있는 그대로 보지 못하게 되는데, 현실이 내 틀대로 되지 않으면 자기 자신을 나무라는 경향이 있어서 우리의 삶 또한 행복할 수가 없다.

어떤 사람은 '생머리가 젊어 보인다'는 틀 때문에 자신에게 어울리는 헤어스타일을 한 번 해보지도 못하고 평생을 오로지 생머리만 한 경우도 있다.

부부 싸움도 실은 서로 다른 틀 때문에 생기는 것이다. 그래서 상담은 결국 과거의 경험들 속에서 생겨난 틀들을 하나하나 벗어버리는 작업이라고 할 수 있다. 그렇기 때문에 행복하기 위해서는 틀에서 벗어나 현실을 있는 그대로 보는 것이 중요한데, 틀에서 벗어날 때 우리는 비로소 과

> 이 땅의 모든 것들은 순간마다 변한다. 나조차도 어제의 내가 아니다. 그런데 과거의 경험에서 생겨난 나의 틀(율법)은 순간순간 변하는 사람이나 상황을 고정된 관점에서 바라보게 하는 경향이 있다.

거에 살지 않고 현재에 온전히 살 수 있다.

이 땅의 모든 것들은 순간마다 변한다. 나조차도 어제의 내가 아니다. 그런데 과거의 경험에서 생겨난 나의 틀은 순간순간 변하는 사람이나 상황을 고정된 관점에서 바라보게 하는 경향이 있다. 다시 말해, 모든 것을 있는 그대로 보지 못하게 한다. 그리고 그로 인해 결국 우리는 많은 것에 매여서 자유로워질 수가 없다.

그렇지 않겠는가! 법이 너무 많으면 그 법을 일일이 다 지키기가 어려운 것처럼, 마음속의 틀도 마찬가지다. "반드시 ~해야 된다"라고 생각하는 것들이 많을수록 그것들을 지키기가 힘들다.

그리고 틀이 많을수록 자신을 사랑스럽고 괜찮은 사람이라고 생각할 수가 없는데, 왜냐하면 지켜야 할 법은 많은데 그 법들을 지키지 못하면 자기 자신이 못마땅할 것이 뻔하기 때문이다.

그렇다면 우리가 갖고 있는 틀에는 어떤 것들이 있을까?

- 뚱뚱한 사람은 짙은 색깔의 옷을 입어야 한다.
- 생머리가 더 젊어 보인다.
- 남자는 울면 안 된다.
- 결혼하면 아들을 낳아야 한다.
- 비싼 옷은 그 값어치를 한다.

-이성 친구와 점심을 먹을 땐 꼭 남자가 밥값을 내야 한다.

-남자는 부엌에 들어가면 안 된다.

-좋은 대학을 나와야 취업이 잘된다.

-여자는 날씬해야 한다.

-눈이 큰 사람은 겁이 많다.

-키가 큰 사람은 싱겁다.

-여자는 운동 신경이 둔하다.

-남자 교복은 바지, 여자 교복은 치마.

앞에서 이미 언급했듯이, 세상에 고정되어 있는 것은 없다. 영성은 고정된 것이 아니다. 판단하지 않고 흘러가는 대로 보는 것이다. 그렇기 때문에 내 틀을 주장하는 것은 바로 하나님이 주인 되지 않고 내가 주인 되려는 것이라고 할 수 있다.

이를 테면 봄, 여름, 가을, 겨울을 내 마음대로 주장하려는 것과 같다. 내 틀을 주장하는 순간, 나는 하나님과 단절된다. 그리고 내 틀을 주장할 때 하나님하고만 단절되는 것이 아니라 인간관계 속에서도 단절된다. 왜냐하면 내 틀만을 주장하는 것이 바로 이기심이기 때문이다.

그렇다면 우리를 이토록 자유롭지 못하게 만들 뿐만 아니라 인간관계 속에서도 여러 갈등을 초래하는 틀은 도대체 어떤 과정을 통해 만들어진 것일까?

한마디로 말해, 이 틀들은 우리가 성장해 가면서 부모나 다른 사람들로부터 공감을 받지 못하고 지시나 협박, 강요를 많이 받아 왔기 때문에 생긴 것이다. 즉 틀이 많다는 것은 곧 공감을 받지 못했다는 말이다. 그리고 공감을 받지 못한 결과, 우리는 우리 자신을 괜찮은 사람으로 여기지도 못하게 되었다.

예를 하나 들어보자. 아이가 아침밥을 먹고 나서 "엄마, 나 유치원 가기 싫어" 하면서 텔레비전만 보고 있다고 치자. 이때 엄마의 반응은 두 가지로 나타날 수 있다.

◆ 반응①
"야, 이 녀석아, 유치원을 안 가면 어떡해? 어서 빨리 유치원 못 가?"
: 엄마가 공감해 주지 못하면 아이는 왜 유치원이 가기 싫은지에 대한 자기 감정을 표현하지 못하고(억압하고) 그냥 유치원에 간다.

◆ 반응②
"우리 OO가 유치원이 가기 싫은가 보구나. 그래, 유치원에서 무슨 일이 있었니?"
: 엄마가 공감을 해주면 감정이 풀린다.

반응①처럼 공감을 받지 못했다는 것은 비난이나 판단을 받았다는 의미고, 이것은 내가 어떤 틀(~해야 한다)이나 선입견, 즉 나만의 율법을 갖게 되는 계기를 제공한다.
다시 말해, 공감을 받지 못하고 비난이나 판단을 받음으로 해서 이 아이의 마음속에는 "무슨 일이 있어도 유치원은 꼭 가야 한다"라는 틀이 생기게 된 것이다. 그 결과 커가면서 혹은 어른이 되어서도 유치원에 빠지거나 하는 아이를 좋게 봐줄 수가 없게 된다.

우리가 갖고 있는 고정관념들을 하루아침에 벗어버릴 수 없듯이, 틀들은 쉽게 버려지지 않는다. 따라서 '내가 이러이런 틀들을 가지고 있구나' 하고 인정만이라도 하자. 우선은 인정하는 것이 중요하다. 왜냐하면 인정하는 데서부터 변화는 시작되기 때문이다.

마지막으로 우리 자신이 갖고 있는 틀들은 내가 만들어 낸 것이 아니고, 과거에 부모님이나 나를 돌봐 주었던 분들의 것을 내가 그대로 가져온 것이라는 것을 기억해야 한다. 즉 내가 틀을 갖고 있다 함은 내가 그들의 옷을 입고 있는 것과 같다. 그렇기 때문에 우리는 더더욱 내가 가지고 있는 틀들을 벗어 버리기 위해 애를 써야 한다.

결국 공감을 한다는 것은 현재에 온전히 깨어 있는 것이다. 모든 사람이나 상황을 대할 때 과거의 틀을 현재로 가져와 현재의 상황을 비판하거나 판단하지 않고, 현재의 상황을 그저 있는 그대로 보고 또 본 사실만을 얘기하는 것이다.

4장 내 마음과 몸은 동전의 양면처럼 하나다

✽ ✽✽ ✽ 건강에 대한 새로운 패러다임

"돈을 잃으면 조금 잃은 것이고, 명예를 잃으면 많이 잃은 것이며, 건강을 잃으면 모두 잃은 것이다."

약국에 가면 흔히 볼 수 있는 문구다. '건강하기를 바라는 것'은 아마도 모든 사람들의 소망일 것이다. 또한 건강은 세월의 흐름에 상관없이 유행을 타지 않는 주제이기도 하다.

건강에 대한 식지 않는 관심과 더불어 요즈음 대체의학이 대중에게 인기를 얻고 있는데, 실제로 수많은 치료 효과를 거두고 있다. 대중에게 인기 있는 대체의학에는 각종 신체 심리 치료, 영양 요법, 마사지(스포츠 마사지), 한의학(안마, 지압), 아로마 테라피, 음악 치료, 바디 엑서사이즈(스트레칭, 필덴크라이스) 등등이 있다.

대체의학에서는 인간을 전인적 측면에서 바라보는데, 미즈여성병원 대체의학센터 강길전 박사는 "질병을 진단할 때 인간과 환경의 관계를 중요시하고 환자를 치료할 때도 환자가 가지고 있는 고유의 자연 치유력을 중요시하며 의학의 중심에 환자가 있다고 생각하는 것이 대체의학이다. 마음의 존재를 중요시하고 사람을 기계처럼 생각하지 않고 유기체로 생각하고, 마음은 건강을 유지하고 또 질병의 원인과 질병의 치료에 매우 중요하게 작용하는 것이라고 생각한다"고 말했다[19]

이처럼 대체의학이 유행하는 이유는 아마도 현대인들이 어느 한 부위를 고치는 치료보다 몸과 마음이 건강하고 나아가서는 영적으로 건강하기를 바라는 소망을 갖고 있기 때문이다. 여기에서는 신체적인 질병뿐만 아니라 스트레스와 관련된 마음 상태나 대인 관계와 같은 사회적 환경 등을 모두 중요하게 생각한다. 다시 말해, 우리에게 익숙한 서양 의학은 '육체적 치료'를 목적으로 하는 데 비해, 대체의학은 '건강' 그 자체를 중시한다. 세계보건기구(WHO)에서 내린 건강의 정의를 보더라도 거기에는 육체적 건강뿐만 아니라 정신적, 영적 건강이 모두 포함되어 있다.

좀더 구체적으로 살펴보면, 많은 의사들은 육체적 문제와 마음의 문제들을 엄격하게 분리하여 육체에 나타난 증상 치료를 위주로 치료한다. 이를테면 5~6분 정도의 진료를 받고서 처방전이 나오는 진료실 상황은 누가 봐도 뭔가 좀 아쉽게 느껴진다.

이뿐만이 아니다. 몸이 아파 일단 병원에 가면 우리는 외과, 내과, 이비인후과 등의 부서를 잘 찾아가야 한다. 왜냐하면 내과에서는 외과와 관련된 질병을 보지 않고 외과에서는 내과에 대해 알 수가 없기 때문이다. 그렇기 때문에 소화가 안 되면서 이가 아프다면 내과도 가고 치과도 가야 하는 것이다. 이처럼 병원에서 우리의 몸은 여러 부분으로 나누어지고 분류된다.

이것이 바로 서양 의학의 한계다. 우리가 병원에 가서 종합검진을 받게 될 때도 마찬가지다. 우선은 소변 검사나 혈액 검사를 비롯하여 각종 내시경과 CT 촬영이나 MRI 검사를 한다. 만약 이러한 검사에서 이상이 발견되지 않으면 대개 건강하다는 판단이 내려지는데, 서양 의학에서는 이처럼 특정 질병을 치료하는 것에 초점을 둔다.

물론 생명을 유지하며 살아가기 위해서는 서양 의학이 꼭 필요하다. 하지만 각종 질병을 치료하는 것에 초점이 맞춰진 서양 의학만으로는 마음의 상처로 초래된 심인성 질환을 해결하기 어려운 것 또한 사실이다.

반면에, 동양 의학에서는 육체를 기계로 보는 것이 아니라 에너지 체계로 보는데, 이 에너지가 동양적 관점에서는 '기'에 해당한다. 그리고 인간은 살아 있는 생명체로서 사람의 몸에는 생명 에너지가 흘러 다니는 길이 있다고 하는데, 이 길을 '경락'이라고 한다. 그리고 에너지의 흐름이 멈추는 것을 동양적인 사고로는 기가 막히는 것으로 본다. 따라서 기가 막히면 병이 생기게 되는 것이다.

에너지인 감정을 표현하지 않고 억압시키면 에너지의 흐름이 막혀서 질병이 발생한다. 즉 감정적 상태가 육체의 건강에 영향을 줄 수 있다는 것이다. 그래서 동양 의학에서는 막힌 기의 길을 뚫어주는 방법으로 침이나 뜸 등의 방법을 사용한다.

그렇기 때문에 각종 스트레스로 마음의 병을 앓고 있는 사람들이 많은 요즈음 육체를 단순히 기계적으로 이해하는 수준을 뛰어넘어서 몸과 마음의 상호작용을 주의 깊게 살펴볼 필요가 있다. 몸과 마음을 분리하지 않고 하나로 보는 전일적 관점이 필요하다.

전일론(holism)은 간단하게 말하면 '전체'(whole)를 의미한다. 사람은 단지 신체적인 존재만이 아니고, 영적인 존재이기도 하다. 그리고 마음과 정서는 신체뿐만 아니라 영혼에도 연결되어 있다. 따라서 우리는 몸-마음-영성을 통합하는 시각으로 사람을 보아야 한다.

"몸의 질병은 마음에서 온다"는 옛 속담처럼. 우리는 마음이 편치 못하면 몸도 편치 못하고, 반대로 몸이 편치 못하면 마음도 편치 못하다는 것을 경험만으로도 쉽게 알 수 있다. 이 말은 우리가 살아가면서 경험하는 감정들이 병의 원인과 치유에 긴밀하게 관련되어 있기 때문에, 병원에서 행하는 수술이나 약물 치료로는 한계를 가질 수밖에 없다는 것을 의미한다.

> 우리가 살아가면서 경험하는 감정들이 병의 원인과 치유에 긴밀하게 관련되어 있기 때문에, 병원에서 행하는 수술이나 약물 치료로는 한계를 가질 수밖에 없다.

예컨대, 어떤 일로 머리가 빠개질 정도로 아프다가도 그 일이 해결되면 자신도 모르는 사이에 두통이 사라지는 것을 누구나 한 번쯤은 경험한 적이 있을 것이다. 반대로 스트레스를 받거나 마음이 편치 못하면 몸이 그런 마음 상태에 반응을 보인다.

이뿐만이 아니다. 누군가의 말 한마디에 분노하여 혈압이 오르기도 하고, 눈이 시리도록 푸르디푸른 하늘을 보면서 우울했던 마음이 사라져 버리기도 한다. 이처럼 마음과 몸은 따로따로인 것 같지만, 사실은 동전의 양면처럼 하나의 실체다.

✻ ✻✻ ✻ 마음에 반응을 보이는 몸

1998년 미국 잡지 〈뉴스위크〉지에는 '사랑이 최고의 약인가?'라는 제목의 기사가 게재되었는데, 이 기사에는 다음과 같은 질문 형식의 연구 결과가 담겨 있다.

- ◆ 당신은 관계 속에서 고립되었다고 느끼는가?

이 질문에 '그렇다'라고 대답한 여성들은 17년 안에 유방암, 난소암, 자궁암으로 사망할 확률이 그 외의 답을 한 여성들보다 3.5배 높았다.

- ◆ 아내가 당신에게 사랑한다는 표현을 하는가?

이 질문에 '아니다'라고 대답한 남성은 5년 안에 협심증으로 사망할 확률이 '그렇다'라고 답한 남성보다 50% 높았다.

◆ 당신은 부모와 관계가 친밀한가?
이 질문에 '아니다'라고 답한 의학과 남학생들은 몇 년 뒤 암이나 정신질환이 발병할 확률이 그 외의 답을 한 경우보다 높았다.

◆ 당신은 사랑받고 있다고 느끼는가?
'거의 그렇지 않다'라고 대답한 심장병 환자들은 '거의 그렇다'라고 느끼는 환자들보다 동맥이 50% 더 손상되었다.

◆ 당신은 자신감이 있는가?
이 질문에 '아니다'라고 답한 미혼 심장병 환자들은 '그렇다'라고 답한 경우보다 5년 내에 사망할 확률이 세 배 높았다.

◆ 당신은 혼자 살고 있는가?
이 질문에 '그렇다'라고 대답한 심장마비 생존자는 일 년 안에 사망할 확률이 누군가와 함께 사는 생존자보다 두 배 높았다.

〈뉴스위크〉의 기사는 이렇게 설명한다. "사회적 지원이 부족한 사람들은 불안하고 초조할 때뿐 아니라 항상 스트레스 호르몬에 들볶인다." 시간이 지남에 따라 이러한 만성적인 외로움은 말 그대로 우리의 심장을 갈가리 찢을 수 있다. 이러한 결론을 통해 단순한 처방을 내릴 수 있다. 다시 건강해지기 위해 우리는 공동체와 친밀감에 자신을 맡겨야 한다.[20]

앞에서도 언급했던 것처럼 우리는 사랑으로 지어졌기 때문에 매일매일 사랑을 먹고 자라야 한다. 밥만 먹으면 정상적으로 성장해갈 수 없다. 사랑도 받아야 한다. 특히 영유아기에는 '어머니의 사랑'이 절대적으로 중요하다는 것을 입증해주는 일화가 있다.

이 일화는 1915년 뉴욕의 소아과 의사 헨리 체핀 박사가 미국의 열 개 도시에 있는 어린이 기관 열 곳의 이야기를 보고하면서 시작된다. 그는 이들 기관 중 단 한 곳을 제외한 모든 기관에서 두 살 이하의 거의 모든 아기들이 의학적으로 양질의 치료를 받았는데도 결국은 죽어 간다는 것을 발견했다.

이와는 극단적인 대조를 보이는 예로, 프리츠 탈봇 박사는 자신이 독일 뒤셀도르프의 한 어린이 병원을 방문했던 경험을 나누었다. 그 병원에서는 두 살 이하의 영아 사망률이 일반 인구 사망률과 거의 같을 정도로 낮았기 때문에, 탈봇 박사는 그 병원에서 특별히 아이들을 잘 돌보는지를 알아보려고 음식, 위생, 간호법 등 모든 것을 조사했다. 그러나 미국의 어린이 기관에서 하고 있는 것과 별반 다른 점을 발견할 수 없었다.

그러던 어느 날 탈봇 박사가 그곳 병원장과 함께 매우 청결하고 정돈이 잘된 병원 입원실을 방문하던 중, 어떤 할머니가 아기를 등에 업고 다니는 것을 보았다. 그 할머니는 전혀 간호사 같아 보이지 않았다.

탈봇 박사가 병원장에게 그 할머니에 대해 묻자, 병원장은 "안나 할머니입니다. 우리가 의학적으로 가능한 모든 치료를 해도 가능성이 보이지 않을 때, 우리는 그 아기를 안나 할머니에게 맡깁니다. 그러면 언제나 그분은 아기를 살려냅니다"라고 대답했다.

그 어린이 병원이 다른 병원과 유일하게 다른 점이라면 바로 안나 할머니가 있다는 점이었다. 안나 할머니는 아기들이 울면 끌어 안아주는 모성적 사랑을 주고 있었다. 안나 할머니가 주는 단 몇 분의 어머니 같은 그 사랑이 아기들에게는 삶과 죽음을 가르는 차이를 만들어 냈던 것이다.

> 안나 할머니는 아기들이 울면 끌어 안아주는 모성적 사랑을 주고 있었다. 안나 할머니가 주는 단 몇 분의 어머니 같은 그 사랑이 아기들에게는 삶과 죽음을 가르는 차이를 만든 것이다.

이처럼 사랑받는 경험은 신체적 성장과도 밀접한 관련이 있다. 이를테면 사랑받지 못하면 호르몬 분비가 제대로 이루어지지 않아서 성장이 정지되고 신체적 기능도 제대로 이루어지지 못한다고 한다.[21]

사랑을 받지 못한 경험이 영유아기에만 문제가 되는 것이 아니다. 성인들에게 있어서도 건강과 직결된다.

미국 캘리포니아 주 샌프란시스코 근교의 알라메다 카운티라는 마을에 사는 사람들 7천여 명을 대상으로 수십 년에 걸쳐 연구를 하였는데, 이웃과 서로 친하게 지내면서 사랑의 관계를 유지하는 사람들이 운동을 열심히 하고 건강식을 잘 챙겨먹는 사람들보다도 더 오래 산다고 하는 사실이다.

다시 말해, 남들과 왕래는 하지만 관계 속에서 친밀감을 느끼지 못하고 외로움을 느낀다고 한 여성들이 인간관계에서 친밀감을 느낀다고 하는 여성들보다 자궁암, 유방암, 난소암에 걸릴 확률이 2.4배 더 높다고 하는 사실이다. 참으로 놀라운 사실이다. 누군가에게 사랑받는 경험이 우리의 면역 체계에까지 영향을 주다니….22)

'테레사 효과'라는 것이 있다. 미국 하버드대 의대의 연구결과 봉사, 희생의 아이콘인 테레사 수녀의 다큐멘터리를 본 사람들은 면역력이 50%정도 증가했다. 남을 위한 봉사활동을 하거나 이 같은 행위를 보기만 해도 인체의 면역기능이 크게 향상되는 '선행'의 긍정적 효과를 증명한 것이다. 23)

노만 빈센트 필(Norman Vincent Peale) 박사는 한 생명 보험사와 함께 100살을 넘게 산 보험 가입자들을 대상으로 설문 조사를 실시하였는데, 그 가운데에는 "장수를 하면서 깨달은 가장 중요한 사실이 있다면 무엇인가?"라는 항목이 있었다.

설문에 응한 대다수는 "네 이웃을 네 몸과 같이 사랑하라"고 답하였다. 조사를 마치고 필 박사는 "이들이 장수할 수 있었던 이유는 분노, 증오, 의심, 죄책감, 근심 등의 부정적 감정에서 자유로웠다는 것이다"는 결론을 내렸다.24)

암 전문의인 버니 시겔 또한 암이나 종양을 치료할 수 있는 것은 바로 사랑받는 경험이라고 「사랑은 언제나 기적을 만든다」(Love, Medicine & Miracles)라는 책에서 힘주어 강조한다.

"나는 결국 모든 질병은 충분한 애정을 받지 못하거나 조건부 사랑만을 받은 사람의 면역계가 지치고 우울해져 몸이 약해지기 때문에 생긴다고 생각한다. 또한 모든 치유는 무조건적인 사랑을 주고받을 수 있는 능력과 관련이 있다고 생각한다. 내가 생각하는 진실은 사랑이 병을 치유한다는 것이다." 25)

◆ **사랑은 마음의 병을 치유한다.**
보스턴의 지하 병동에 한 소녀가 격리 수용되어 있었다.
이 소녀는 정신질환이 너무 심했다.

사람들이 다가오면 괴성을 지르며 사납게 공격을 퍼부었다.
의사들은 회복 불가능을 선언하고 독방에 수용했다.

소녀의 부모도 더는 딸에게 미련을 갖지 않고 병원에 면회 오는 일을 중단했다.

"너는 차라리 태어나지 말았어야 했는데……."

소녀는 온종일 독방에서 지냈다.
그런데 은퇴한 늙은 간호사가 이 소녀에게 사랑을 쏟기 시작했다.
소녀는 먹을 것을 주면 집어 던졌고 말을 건네면 침묵으로 일관했다.
그러나 늙은 간호사는 6개월 동안 끊임없이 관심을 보였다.

결국 간호사의 지극한 사랑은 소녀의 마음을 움직였다.

그리고 정신질환에서 완전히 해방되어 봉사의 삶을 살았다.

이 소녀의 이름은 앤 설리번.

헬렌 켈러를 세계적인 인물로 교육시킨 위대한 스승의 이름이다.[26]

✽ ✽✽ ✽ 스트레스 그리고 마음과 몸

'스트레스! 현대인의 소리 없는 적', '탈 스트레스 산업 각광', '스트레스로 인한 내과 질환 많다', '스트레스 해소 음반 나왔다', '스트레스를 즐기는 사람이 성공한다', '잡념 없이 푹 쉬면 스트레스가 풀린다' 와 같은 머리기사에서 보듯이, 현대인의 생활과 가장 밀접한 관계를 가지는 단어는 아마도 스트레스일 것이다. 우리는 누구나 매일의 삶 속에서 스트레스를 받고 있다. 마치 스트레스의 홍수 속에 살고 있는 것처럼….

이를테면 많은 사람들이 부부간의 문제나 자녀의 문제로 또는 직장이나 사회생활 속에서 부딪히는 인간관계의 문제로 갈등을 겪으며, 때로는 상담소나 병원을 찾기까지 한다. 전문가들에 의하면 일반 병원을 찾는 70~80%는 스트레스와 관련된 문제를 갖고 있다는데, 결국 우리가 사는 이 세상 속에서 스트레스를 받지 않고 살아간다는 것은 불가능한 일인 듯

싶다.

무엇보다도 스트레스가 수많은 사람들로 하여금 질병에 걸리도록 영향을 미친다고 알려져 있다. 삶에서 스트레스를 받는 사건들을 겪은 다음 질병에 걸리는 경우가 많다고 의사들은 말한다. 특별히 스트레스와 관련된 질병으로는 각종 궤양이나 암, 고혈압, 심장병 등이 있다.

이러한 관찰을 토대로 워싱턴 의과대학의 정신과 교수인 토머스 홈즈(Thomas H. Holmes)와 리처드 라헤(Richard H. Rahe) 박사는 스트레스가 많은 사건을 수치로 평가하는 척도를 고안해 냈다.

이들은 서로 다른 성장 배경과 사회적 지위에 있는 다양한 연령대의 사람들을 대상으로 스트레스를 유발하는 사건의 목록을 작성하도록 하고, 그 심한 정도를 점수로 평가하게 했다. 한 개인의 삶에서 일 년 이상의 기간 동안 스트레스를 받는 사건들의 수치를 합한 것이 개인이 받는 스트레스의 양이 된다.

이들이 개발한 척도는 다음과 같다.[27]

◆ 생활사건 스트레스 점수

순위	사건	점수
1	배우자의 죽음	100
2	이혼	73
3	별거	65
4	교도소 수감 기간	63
5	가까운 친인척의 죽음	63
6	부상 및 질병	53

7	결혼	50
8	해고	47
9	이혼 조정	45
10	은퇴	45
11	가족의 건강 이상	44
12	임신	40
13	성생활의 문제	39
14	가족의 증가	39
15	재취업	39
16	재정 상태의 변화	38
17	절친한 친구의 죽음	37
18	업종 변환	36
19	배우자와 다툼 증가	35
20	1만 달러 이상의 융자	31
21	융자의 조기 마감	30
22	직장 내 업무 변화	29
23	자식의 출가	29
24	시댁, 처가와 갈등	29
25	뛰어난 개인적 성취	28
26	아내의 취직 또는 사직	26
27	입학 또는 졸업	26
28	생활 조건의 변화	25
29	습관 바꾸기	24
30	상사와 갈등	23
31	근무 시간 또는 업무 조건의 변화	20
32	이사	20
33	전학	20
34	여가의 변화	19
35	교회 활동의 변화	19
36	사회 활동의 변화	18
37	1만 달러 미만의 융자	17
38	잠자리의 변화	16
39	가족 모임에 참여하는 인원수의 변화	15
40	식습관의 변화	15
41	휴가	13
42	크리스마스	12
43	경범죄 위반	11

이 척도에 따르면 스트레스 지수가 가장 높은 것이 배우자의 사망인데, 이 사실을 토대로 조사를 한 결과 놀라운 사실을 알게 되었다. 즉 배우자가 사망하고 난 후 1년 안에 발생하는 홀로 된 배우자의 사망률이 정상적이고 원만한 결혼 생활을 하고 있는 같은 연령대의 사람들보다 10배 높다는 것이다. 그리고 이혼한 뒤 1년 동안 질병에 걸린 이혼자들의 수는 같은 연령대의 원만한 결혼 생활을 하고 있는 사람들에 비해 12배에 해당한다는 것이다.

특이한 점은 스트레스를 일으키는 사건들에는 고통스러운 경험이라 할 수 있는 배우자의 죽음, 이혼이나 별거, 그리고 개인적인 부상이나 질병뿐만 아니라 결혼이나 임신, 개인적 성취, 그리고 졸업이나 입학과 같이 행복한 경험이라고 생각되는 사건들도 포함되어 있다는 사실이다. 이 말은 좋은 쪽이든 나쁜 쪽이든 삶의 변화는 스트레스를 야기하기 때문에 스트레스는 우리 자신이 환경 변화에 대처해야 하는 상황 속에서 발생한다는 것을 의미한다.

이 척도를 사용하여 스트레스에 따른 질병의 정도를 예측하는 것이 가능해진 반면, 다각적으로 실험을 한 결과 스트레스 지수가 높게 나왔음에도 질병에 걸리지 않고 건강하게 생활하고 있는 사람들도 발견되었는데, 이것이 의미하는 바는 스트레스가 쌓인다고 해서 무조건 병으로 이어지지는 않는다는 것이다.

이 말은 대부분의 경우에 스트레스를 경험하게 되면 두통이나 소화불량과 같은 가벼운 것에서부터 암이나 심장병 같은 무거운 질병에 이르기까지 우리의 신체에 커다란 변화를 불러일으키지만, 개인이 스트레스가 되는 사건을 스트레스라 여기지 않으면 자신에게 아무런 문제가 되지 않는다는 말이다.

그렇다. 스트레스를 아무리 많이 받아도 개인이 스트레스 자극을 스트레스라 여기지 않으면 스트레스가 되지 않겠지만, 대다수의 경우 스트레스를 받으면 십중팔구 질병으로 이어지기 마련이다. 그렇기 때문에 스트레스가 어떻게 질병으로 발현되는지 생리학적 메커니즘에 대해 구체적으로 살펴볼 필요가 있다.

스트레스라는 개념을 현대적으로 정립시킨 하버드 대학교 생리학자인 월터 캐넌(Walter Cannon)의 '투쟁-도피 반응'(Fight or Flight Response)에 의하면, 동물들은 천적을 만나거나 위험에 처하게 될 때 즉각적으로 싸우거나 도망갈 준비를 한다.

고양이는 어떤 위협에 직면하면 등을 활처럼 휘고 털을 곤두세우며 싸우거나 도망갈 태세를 취하는데, 이때 그 위험에서 성공적으로 벗어나기도 하고 혹은 실패해서 먹잇감이 되기도 한다.

동물들에게서 보였던 '투쟁-도피 반응'(신경계가 외부의 위협을 감지하면 즉각적으로 싸우거나 도망갈 태세를 취하는 것)은 인간에게도 그대로 적용되는데, 캐넌은 이 '투쟁-도피 반응'을 태어날 때부터 인간에게 내재된 기능으로 본다. 28)

다시 말해 '투쟁-도피 반응'은 신체적 혹은 심리적 위협을 당할 때 교감신경계가 활성화되어(스트레스에 대한 교감신경계의 반응을 한마디로 요약하면 긴장이라 할 수 있다), 외부의 위협에 대응하여 싸우거나 아니면 도망갈 수 있는 행동을 취할 수 있도록 우리의 몸을 준비시킨다. 그리고 우리 조상들은 아주 오랜 옛날부터 이 '투쟁-도피 반응'을 통해 사나운 짐승들로부터 생명을 보존할 수 있었다. 이 특질들을 우리도 그대로 물려받았다고 볼 수 있다.

여러분이 산길을 가다가 호랑이와 맞닥뜨렸다고 상상해 보자. 이러한 위협상황을 지각하는 순간, 우리의 몸은 '투쟁-도피 반응'을 보인다. 즉 호랑이와 맞서 싸우거나 아니면 재빨리 도망감으로써 생명을 지킬 수 있다. 또한 '투쟁-도피 반응'이 일어나면 혈압은 높아지고 호흡과 심장 박동도 빨라질 뿐만 아니라 팔과 다리의 근육으로 흐르는 혈액의 양은 늘어나게 된다.

하지만 야생동물들에게는 '스트레스'라는 말을 쓰지 않는다. 왜일까? 야생동물들은 위협을 당해서 생긴 긴장을 자신들의 몸에 지니고 있지 않고 방출해버리기 때문이다. 즉 교감신경계의 반응으로 인해 생긴 긴장을 싸우면서 방출하거나 아니면 도망갔을 경우, 예컨대 사자로부터 도망친 얼룩말은 자신이 안전하다고 느껴지는 장소까지 도망쳐 갔을 때 약 5분 정도 몸을 떨면서 그 동안 자신의 몸에 쌓인 긴장을 털어 낸다고 한다.

하지만 오늘날 우리가 살아가는 삶 속에서는 '투쟁-도피 반응' 기제가 제대로 작동할 수가 없다. 우리는 매일매일 갖가지 스트레스에 시달린다. 직장에서 상사가 부당하게 나를 야단친다. 대형 마트 계산대 앞에 줄을 서 있는데 누군가가 새치기를 한다. 차를 잠깐 세우고 화장실에 다녀왔는데 경찰이 딱지를 붙이고 갔다. 단골 과일 가게에서 멜론을 1박스 샀는데 집에 와서 먹으려고 깎아보니 4개 중 1개는 상한 것이었다. 버스를 타려고 꽤 멀리서부터 달려왔는데, 버스 기사가 나를 보고도 차를 세우지 않고 그냥 가버렸다.

이런 심리적인 스트레스를 받는 상황 속에 놓이면 우리 몸은 사나운 짐승의 공격을 받게 되었을 때처럼 즉각적으로 싸우거나 도망갈 준비를 하게 된다. 하지만 이러한 스트레스 상황에서는 싸울 수도 없고 그렇다고 도망칠 수도 없다. 그렇지 않은가. 이것은 마치 직장에서 내가 억울한 일을 당했다고 해서 불쑥 사표를 내고 나올 수도 없는 상황과 같다고 볼 수 있다.

이렇듯 스트레스를 받으면 그것이 신체를 위협하는 것이든 아니면 심리적인 것이든 우리의 몸은 긴장하게 된다. 이때 실제로 싸우든지 도망가든지 하면 근육의 긴장은 사라지겠지만, 사회적 관계나 자신의 지위 혹은 자신의 이미지 때문에 우리는 이 에너지를 밖으로 방출하지 못하고 자신의 몸에 그대로 갖고 있게 된다. 그러다 어느 순간 그런 긴장이 누적되어 질병에 걸리게 되는 것이다.

> 몸 안에 쌓인 감정적 에너지가 바로 스트레스인데, '투쟁-도피 반응'이 촉발되었는데도 그것을 분출하지 못하는 상황이 되풀이 되면 우리가 질병에 걸릴 가능성은 높아진다.

요약하면 몸 안에 쌓인 감정적 에너지가 바로 스트레스인데, '투쟁-도피 반응'이 만들어졌는데도 그것을 분출하지 못하는 상황이 되풀이 되면 우리가 질병에 걸릴 가능성은 높아진다는 것이다.

그렇다면 이렇듯 질병의 모습으로 우리에게 다가오는 스트레스를 극복할 수 있는 방법은 없을까? 물론 있다. 바로 긴장을 감소시키는 것이다. 스트레스로 마음의 긴장이 우리의 몸을 긴장시킨 것처럼, 역으로 이번에는 몸의 긴장 수준을 완화시켜 스트레스 상황으로 인한 마음의 긴장을 완화시키는 것이다.

이것을 다른 말로 하면 우리의 몸을 이완시키는 것이다. 이완이란 긴장이 없는 편안한 상태로서 부교감신경계와 밀접한 관련이 있다. 즉 이완 상태에서는 호흡량이나 심장 박동, 그리고 근육 긴장의 수준이 감소한다.

이처럼 우리의 몸을 이완시키는 것은 스트레스 반응으로 발병한 질환들에 효과가 있을 수 있는데, 대표적인 이완 요법으로는 허버트 벤슨(Herbert Benson)의 이완 반응(Relaxation Response)과 제이콥슨(Jacobson)의 점진적 근육 이완법(PMR: Progressive Muscle Relaxation)이 있다.

이 책에서는 허버트 벤슨 박사가 개발한 이완 반응에 대해 살펴보려고 한다. 허버트 벤슨 박사는 깊은 명상 상태에 들어가면 우리의 몸과 마음이 아주 편안하게 풀어지는 상태가 된다는 것을 과학적으로 측정하고 증명하였는데, 그는 이러한 상태를 스트레스와 대비하여 '이완 반응'이라 명명하였다.

이완 반응은 초월 명상에 기반을 두고 누구든지 간편하게 적용할 수 있으며, 각자 자신의 종교적 신념에 따라 적용할 수 있다는 장점이 있다.

이완 반응은 '투쟁-도피 반응'에 의해 야기된 부정적인 생리적 반응들(혈압이 높아지고 호흡이 가빠지며 심장 박동이 빨라지는 등)을 상쇄시킬 수 있는데, 이완 반응이 유발되면 혈압 약을 먹지 않고도 혈압이 낮아지고 호흡량이 감소하는 등의 생리적 변화가 나타난다. 다시 말해, 이완 반응은 몸의 생리적 변화를 유도하여 스트레스로 생긴 마음의 긴장을 벗어버리는 것이다.

이완 반응에서 한 가지 기억해야 할 것은 스트레스를 받는 순간 우리 몸은 자동적으로 생리적 변화들(혈압이 높아지고 호흡이 가빠지는 등)을 보이지만, 이완 반응(혈압이 낮아지고 호흡량이 감소하는 등)이 나타나도록 하려면 의식적으로 시간과 노력을 들여야 한다는 것이다.

허버트 벤슨 박사와 그의 연구진에 의해 개발된, 이완 반응을 일으키는 수련법을 약간 변경하여 간단히 소개하면 다음과 같다.

① 자신의 종교적 신념 체계에 알맞은 어떤 특정 단어나 짧은 문장을 선택한다. 예를 들면 '주님'이나 '성령님' 같은 단어를 선택할 수도 있고, '하나님은 나의 목자이시다'와 같은 문장을 선택할 수도 있다.
② 조용한 장소를 택해서 근육이 긴장하지 않도록 편안한 자세를 취한다. 양반다리를 하고 앉아도 좋고 의자에 앉아도 된다.
③ 자연스럽고 편안하게 눈을 감는다. 발부터 시작해서 얼굴에 이르기까지 온몸의 근육을 차례로 이완시킨다. 이완시키는 법은 몸의 각 부분에 주의를 두면 자연스럽게 그곳의 긴장이 풀리면서 이완이 된다.

④ 호흡을 자연스럽게 천천히 하면서 호흡의 들이쉼과 내쉼을 알아차린다.

⑤ 10~20분 동안 계속한다. 수련을 끝내고 나면 조용히 1분 정도 앉아 있다가 천천히 눈을 뜬다. 재빨리 눈을 뜨거나 곧바로 일어서면 또 다시 긴장이 발생한다.

⑥ 하루에 두 번씩 양치질을 하듯이 규칙적으로 한다. 소화가 잘되지 않거나 졸릴 수도 있으므로 공복에 하는 것이 좋다.

⑦ 이 수련을 할 때 한 가지 장애거리는 분심으로 우리가 여러 가지 생각 속으로 빠져들어 갈 수 있다. 이때는 다시 호흡으로 돌아와 '주님', '성령님' 등의 단어나 '하나님은 나의 목자이시다' 와 같은 문장을 반복하는 것이 좋은데, 숨을 들이마시며 '주', 내쉬면서 '님' 이라고 하면 된다. 이것을 반복하며 자연스럽게 호흡한다.

이렇듯 단어나 문장을 반복하다 보면 연이어 일어나는 생각의 고리들이 끊어진다.29)

벤슨의 이완 반응 이후로 많은 종류의 명상법들이 기존의 의학적 틀 속에서 도입되고 또 소개되었다. 그중 대표적인 방법이 존 카밧진(John Kabat-Zinn)의 마음 챙김 명상(MBSR, Mindfulness Based Stress Reduction)이다. 이 방법은 미국의 여러 대학 병원들에서 환자들의 스트레스 해소와 만성 질환의 호전을 위하여 받아들여지고 있다.

✴ ✱ ✴ 몸으로 마음 치유하기

    몸과 마음을 분리하는 이원론에 뿌리를 둔 서구 학문의 영향으로, 우리는 으레 '상담' 하면 '마음(mind)을 치유하는 것'이라 생각한다. 하지만 지금까지 살펴보았듯이 우리의 몸과 마음은 동전의 양면과 같이 따로인 것 같지만 하나로 연결되어 있다. 마치 몸이 아프면 마음도 아프고, 마음이 회복되면 몸도 회복되는 것과 같다.

    그렇기 때문에 우리는 몸을 통한 치유나 상담에도 관심을 가져야 한다. 더욱이 우리는 이 땅에 사는 동안 육체라는 몸을 입고 살아가기 때문에 몸이 하는 말이나 몸이 기억하고 있는 상처들을 어루만짐 없이 마음만을 다루는 것은 온전한 치유라고 할 수 없다.

    마음과 더불어 우리 삶의 경험을 모두 담고 있는 몸을 중시한 심리 치료자들—빌헬름 라이히(Wilhelm Reich), 프리츠 펄스(Fritz Perls), 유진 젠들린(Eugene Fendlin) 등—덕분에 요즈음 무용 치료, 표현 예술 치료, 동작 중심 심리 치료, 신체 중심 심리 치료 등이 주목을 받고 있다.

    이 중에서 요즈음 가장 대중화된 펄스의 게슈탈트 상담에서는 신체 증상과 정신적 갈등을 하나의 통합적 유기체가 자신을 표현하는 두 개의 서로 다른 양식이라 본다. 즉 신체 현상도 우리의 존재가 자신을 표현하는 하나의 방식이므로 신체가 하고자 하는 말에 귀를 기울여야 한다고 보는 것이다.

    모든 심리적 문제는 반드시 신체 현상과 함께 나타나며, 모든 신체 증상은 증상과 동시에 심리적 측면을 내포하고 있기 때문에 진정한 문제 해결을 위해서는 이 둘을 항상 함께 다루어야 한다는 것이다.

좀더 구체적으로 말하면, 우리는 살아오면서 감정이나 욕구를 표현하기보다는 억압해 왔기 때문에 우리 자신의 감정이나 욕구를 알아차리는 것이 쉽지 않다. 하지만 우리의 신체 현상을 알아차리는 것은 우리의 감정이나 욕구를 알아차리는 것보다 훨씬 쉬우므로, 일단 신체 상태를 먼저 알아차리고 이에 주의를 집중하면 관련된 정서 상태를 알아차리는 것이 가능해진다.

그래서 게슈탈트 상담에서는 자신의 감정이나 욕구를 잘 알아차리지 못하는 내담자들에게 먼저 신체 상태를 알아차리게 함으로써 그에 대응되는 정서 상태를 알아차리도록 도와준다.[30]

이렇듯 펄스는 라이히의 이론을 게슈탈트 치료에 접목시켰기 때문에 신체 증상이 나타나는 것에 대해서 개인 스스로 직면하기 힘든 욕구나 감정, 정서적 갈등 등을 회피하기 위해 신체적으로 방어를 하다 보니까 발생하는 것이라고 본다. 정신분석학에서는 방어(defense)를 정서적 갈등이 의식화되는 것을 막기 위해 자아가 사용하는 기제(mechanism)로 본다.

이 책에서는 신체 중심 심리 치료에 한정하여 기술하고자 하는데, 신체 중심 심리 치료란, 신체적 접촉이나 신체의 움직임과 같은 신체 경험을 통해 심리적인 문제들을 치유하는 것이다. 즉 신체의 긴장을 다루어 마음의 긴장을 풀어주는 것이다.

다시 말해, 신체 중심 심리 치료란 억압된 감정이 신체의 특정 부위에 만성적 근육 수축의 형태로 자리 잡고 있기 때문에, 뭉쳐 있거나 막혀 있는 감정적 에너지가 다시 잘 순환하도록 신체적 움직임을 통해 수축된 근육을 풀어 줌으로써 몸의 이완을 돕는 것이다.

예를 들어, 어떤 사람은 스트레스를 받으면 방어적 행동으로 어깨를 움츠리는데, 이런 행동이 계속적으로 반복되다 보면 어깨 근육이 단단히 긴장하게 된다. 즉 우리 각자는 신체의 특정 부위를 단단하게 긴장시켜서 스트레스에 반응하는 경향이 있다.

따라서 스트레스를 해소하기 위해서는 무엇보다도 몸의 긴장을 풀어서 신체의 특정 부위에 묶여 있는 감정 에너지를 풀어주어야 하는데, 스트레칭과 같은 신체의 움직임은 굳은 근육과 힘줄들을 늘여줌으로써 우리의 몸이 이완되도록 돕는다.

이때 수축되었던 몸의 긴장이 풀리면서 몸이 이완되면, 근육 수축과 더불어 억압되어 있던 감정적 에너지가 풀리면서 그 감정을 불러일으켰던 과거의 옛 기억이 의식의 표면으로 떠오를 수 있다. 마치 우리가 체력장을 한 다음날 아침, 뭉쳤던 근육이 풀리면서 체력장을 하면서 있었던 일들이 떠오르는 것처럼….

이렇듯 몸이 이완되면서 과거의 기억이 의식의 표면으로 떠오르는 것은 당연한 것인데, 왜냐하면 우리는 어떤 상황 속에서 생긴 원치 않는 감정을 회피하기 위해 특정 부위의 신체 근육을 수축시켰기 때문이다.

이런 사례가 있다. 50대의 가정주부는 스트레칭과 같은 이완 동작들을 통해 긴장되고 수축되어 있던 어깨와 등의 근육이 풀리면서 그동안 잊고 있었던 기억이 한 가지 떠올랐다.

중학교 때 아버지의 사업 실패로 단칸방에서 네 식구가 살았던 적이 있었다. 당연히 책상은 없었다. 그래서 항상 밥상을 놓고 공부를 해야 했다. 힘들어하시는 부모님을 보며 불평은커녕 그런 부정적 감정이 올라올 때마다 자기 자신을 나무랐다. 그렇게 낮은 밥상에서 등을 구부리고 공부를 하다 보니 시간이 흐르면서 등도 굽고 마음도 굽게 되었다.

몸의 이완훈련을 통해 굽었던 등과 어깨가 이완되면서 이런 옛날 기억이 되살아나자, 이 여인은 갑자기 서러움이 밀려오고 동시에 쏟아지는 눈물을 주체할 수가 없었다.

이것은 개인이 살아가면서 경험하는 모든 것은 우리의 마음, 특히 무의식에 뿐만 아니라 우리의 몸에도 기록된다는 것을 보여주는 것이다. 이럴 때는 떠오르는 그 기억을 회피하지 말고 그저 바라보면서 지금 느껴지는 감정을 있는 그대로 인정하면 된다.

예컨대 "○○야, 그때 부모님께 말도 못하고 밥상에 쪼그리고 앉아 불편하게 공부하느라고 힘들었지" 하고 내가 나에게 위로를 해주는 것이다. 그럴 때 우리는 그 기억 안에 담겨 있는 부정적 감정들이 정화되는 것을 경험하게 될 것이다. 왜냐하면 슬플 때 슬픔을 표현하면 슬픔이 사라진다. 슬플 때 슬픔을 표현하지 않고 억압하려

> 슬플 때 슬픔을 표현하면 슬픔이 사라진다. 문제는 슬플 때 슬픔을 표현하지 않고 억압하려고 하기 때문에 생기는 것이다.

고 하기 때문에 슬픔이 생기는 것이다.

뿐만 아니라 우리가 어떤 것에 주의(attention)를 주면서 바라보는 것은 그것에 관심을 갖는다는 것 즉 사랑의 표현인데, 의식에 떠오른 그 기억은 관심과 사랑을 받지 못해서 생긴 과거의 상처이기 때문에 애정 어린 주의(attention)를 주기만 해도 몸과 마음이 정화되는 것을 느낄 수 있을 것이다. 즉 마음의 응어리가 풀어지게 된다.

신체 심리학에서는 이처럼 인간을 독특한 감정 에너지 체계를 가진 존재로 보는데, 여기서 에너지란 살아 있음(aliveness)의 상징으로서 우리는 매순간 맥박이 뛰듯이 자신의 몸 안에서 에너지를 느낀다. 그리고 우리 주변에서 일어나는 사건들은 우리 몸의 감정 에너지의 흐름을 자극하게 된다.

예를 들어 누군가가 나를 칭찬할 때, 나는 얼굴이 붉어지고 얼굴이 화끈거리는 것을 느낄 수 있다. 때로는 기분이 너무 좋아서 당황하기도 한다. 반대로, 만약 내가 비난을 받는다면, 나는 긴장해서 가슴 부분이 위축될지도 모른다.

이처럼 어떤 사건으로 인해 몸 안으로 흡수되어 정체된 에너지를 우리는 어떤 형태로든 또다시 몸 밖으로 방출하게 되는데, 가장 건강하게 에너지를 방출하는 법을 연구하는 것이 이 분야의 핵심적 주제들 중 하나라고 할 수 있다.

에너지 방출과 관련하여 우리가 꼭 기억해야 할 것은, 이미 앞에서도 여러 번 언급했지만 우리의 감정은 에너지로서 '좋다', 혹은 '나쁘다' 라고 가치 판단을 내릴 수 있는 성질의 것이 아니라는 것이다. 감정은 나타났다가도 사라지는 그저 에너지일 뿐이다.

하지만 대다수의 사람들은 미움이나 분노 같은 부정적인 감정 에너지를 자연스럽게 표현하지 않고 억압시킴으로써 순간적으로는 아무 일도 없는 것처럼 넘어갈 수 있지만, 결과적으로 그 부정적인 감정 에너지는 몸 안에 고스란히 쌓이게 된다.

그러면 그다음은 어떻게 되겠는가? 인간관계 속에서 어떤 감정이 계속 쌓여 참을 수 없을 때 급기야는 소리치며 싸우거나, 무언가를 던지고 부수거나, 아니면 아무런 관련도 없는 다른 사람에게 화를 낸 경험이 누구에게나 한 번쯤은 있을 것이다. 때로는 운동이나 노래, 그리고 춤을 통해 억압되어 있는 감정 에너지를 방출하기도 한다.

만약 이런 식으로라도 쌓인 에너지를 방출하지 않으면 그 부정적인 감정 에너지는 육체적 질병의 형태로 자기 자신을 표현하게 된다. 이와 관련하여 라이히는 "현대 사회는 우리가 갖고 있는 감정 에너지를 억누르려는 경향이 있으며, 이러한 감정 에너지의 억압은 모든 병의 원인이 된다"고 하였다.

나로파 대학의 크리스틴 콜드웰 박사에 의하면, 신체 심리학은 느끼는 것(feeling)과 표현하는 것(expressing) 사이의 에너지 순환 고리(energy loop)에 관심을 가진다.

여기서 느끼는 것(feeling)은 일반적으로 감각(sensation)이나 몸 안에서 고동치는 감정 에너지의 흐름과 동일시되는데, 이 내적 감각과 감정 에너지의 흐름에 특별한 조건 없이 수용적 상태로 머무는 능력은 건강한 자기 정체감(self-identity)의 바탕이 된다. 뿐만 아니라 많은 신체 심리 치료자들은 치유 과정 속에서 내담자의 감각 지각(sensory awareness)을 확인시켜 줌으로써 그들의 에너지 맥동을 다시 찾아주고 있다.31)

살펴본 것처럼 마음의 상태와 관련하여 몸이 대신 말을 해줄 때가 많은데, 몸은 '감각'을 통해 말을 하기 때문에 몸의 언어는 바로 '감각'이라고 할 수 있다.

예컨대 신체 심리 치료자들은 내담자에게 "엄마 얘기를 하면서 지금 입술을 깨물고 있네요. 엄마에 대해 어떤 감정이 느껴지나요?"라든지, 아니면 "지금 숨을 쉬지 않고 있는 것처럼 느껴지는데…. 숨을 천천히 그리고 깊게 쉬면서, 지금 자신의 신체 감각을 한 번 느껴 보세요. 그리고 신체의 어느 부위가 긴장되어 있는지 한 번 알아차려 보세요"라고 언급함으로써, 내담자로 하여금 자신의 몸 안에서 고동치는 감정 에너지의 흐름을 몸의 감각을 통해 느껴보도록 유도한다.

느끼는 것과 더불어, 우리의 몸이 건강하게 기능하기 위해서는 표현하는 것, 즉 막혀있거나 정체되어 있는 에너지를 방출하는 것이 중요하다. 왜냐하면 이렇게 흐르지 않고 고여 있는 에너지는 시간이 지나면 몸 안에서 여러 가지 증상으로 나타날 수 있기 때문이다. 뿐만 아니라 우리가 습관적으로 감정 에너지를 흐르지 못하게 붙잡아 두는 것은 우리의 몸 안에서 근육을 수축시킬 뿐만 아니라 몸의 자세에도 영향을 주어 경직된 자세를 갖게 하기 때문이다.

일반적으로 아이들에 비해 어른들의 몸은 가볍지도 유연하지도 않은데, 이것은 어른들의 몸이 긴장의 형태로 굳어 있기 때문이다. 이것은 지금까지 살아오면서 자신들이 경험 속에서 느낀 감정들을 밖으로 표현하지 못하고 내면에 억눌러 왔다는 것을 말해 주는 것이다.

즉 감정표현을 억누르다보니까 몸을 긴장시킬 수밖에 없는 것이다. 이것은 마치 화가 나는 상황인데 화를 표현하는 것이 마땅치 않을 때 두 주먹을 힘껏 쥐면서 화를 억누르는 것과 같은 이치다. 이처럼 경직된 우리의 자세는 자신을 방어하기 위해 생긴 것이다. 예컨대 우리는 상처받지 않기 위해 근육을 긴장시켜 세상을 향해 자신을 오픈(open)하지 못하게 하는 경향이 있다.

신체 심리 치료는 프로이드의 제자인 빌헬름 라이히가 처음 시작했는데, 그는 신경증이나 정신병도 감정 에너지를 억누르기 때문에 생기는 것으로 보았다.

그에 의하면 성장한 후에도 웬만해서는 바뀌지 않는 성격을, 자기를 내부와 외부의 위험으로부터 보호하기 위한 방어 기제로서 감정을 자꾸만 억압하다 보니까 자신만의 성격이 형성된 것으로 보는데, 그는 이런 식으로 굳어진 성격을 '성격 갑옷'(character armor)이라고 불렀다.32)

뿐만 아니라 방어는 항상 신체 긴장의 형태로 나타난다고 보았기 때문에 표현되지 않고 억압된 감정은 생리적으로 근육 수축을 일으킨다고 하였다. 이것은 만성적으로 근육이 긴장하고 또 단단해지는 것을 의미한다.

예를 들어, 우리는 어떤 상황에서 누군가가 "왜 그렇게 입술을 깨물고 있어?"라고 말하면 자신이 입술을 깨물고 긴장하고 있다는 사실과 실은 자신의 감정을 표현할 상황이 아니라서 입술을 깨물고 있는 것을 통해 자신의 감정 표현을 억제하고 있었다는 것을 알게 된다. 이처럼 라이히는 성격 무장이 근육 무장의 형태로 드러난 것을 토대로 몸과 마음이 하나임을 다시 한 번 확인시켜 주었다.

　내담자에 대한 자신의 관찰을 토대로 라이히는 정신 분석과는 다른 치료 형태를 발전시켰다. 그는 내담자들을 관찰하면서 피부 온도가 변한다든지 피부 색깔이 바뀐다든지 하는, 즉 신체 안에서 감정 에너지가 증가된 것과 같은 반응들을 알아차렸는데, 이러한 반응들은 감정 에너지의 흐름이 막혀 버렸다는 것을 나타내준다.

　그는 또한 감정 에너지의 흐름이 막힌 것을 진단하거나 막힌 감정 에너지를 방출하기 위해 마사지와 같은 신체적 접촉을 사용했는데, 요즈음 안마, 지압, 마시지나 약손과 같은 수기치료가 꾸준히 인기를 끄는 것은 바로 우리의 몸과 마음이 연결되어 있어서 몸을 통해서도 마음을 치료할 수 있다는 것에 베이스를 두고 있기 때문인 것 같다.

　좀더 구체적으로 말하면, 매우 슬픈 감정에 휩싸여 있는데도 그것을 겉으로 드러내지 않으려 한다면 눈물을 참기 위해 얼굴, 가슴, 복부의 근육을 긴장시킬 수밖에 없다. 특정 감정을 억압하려면 특정 근육을 긴장시켜야만 된다. 따라서 특정 감정을 계속 억압하면 그에 해당하는 근육도 계속 긴장된 상태로 남게 된다. 물론 이 과정을 거꾸로 진행시킬 수도 있다. 만약 긴장된 근육을 풀어주거나 마사지를 받으면 때로 억제되었던 감

정이 해소될 수도 있는 것이다.33)

신체 심리 치료와 관련하여 라이히는 "심리적 긴장은 신체적 긴장 없이 홀로 존재할 수 없다. 그리고 신체를 교정하지 않고서는 심리적 문제들이 제거될 수 없다"고 말했다. 하지만 그의 기법들-감정 에너지를 자극하기 위해 내담자를 눕혀서 깊게 숨을 쉬게 한다든지 아니면 몸을 움직이거나 소리를 지름으로써 방어 기제를 무너뜨리는-은 매우 급진적이어서 1950년대 전통적인 미국 문화와 충돌했다.

그 결과 라이히가 살아 있을 때는 자신의 치료 방법이 주목을 받지 못했지만, 그가 강조했던 감정 에너지, 방어 기제(성격 갑옷), 호흡법 등은 현재 신체 심리학의 주요 주제로 떠오르고 있다.34)

나 자신과
화해하기

2부

몸의 소리에

귀 기울이기

5장 내 몸은 걸어 다니는 자서전이다

✱ ✱✱ ✱ 몸은 우리의 정서적 상처들을 그대로 반영한다

앞에서 이미 언급했듯이, 몸과 마음은 동전의 양면처럼 하나임에도 우리에게는 여전히 몸과 마음을 분리해서 생각하는 경향이 있다. 그리고 여기서 더 나아가 우리는 자신의 몸을 성공하기 위한 혹은 어떤 목표를 이루기 위한 수단으로 여겨 혹사시키는 경향이 있다.

밤새워 컴퓨터 작업을 하다가 몸이 피곤하다고 신호를 보내면(하품이 나고 눈꺼풀이 감기는 등), 몸이 하는 말을 듣고 몸을 위해 쉼을 갖기보다는 커피를 여러 잔 마셔대면서 작업을 계속한다. 즉 몸이 보내는 신호들을 무시하는 것이다. 이뿐만이 아니다. 평소에 우리는 MP3로 음악을 들으

면서 작업을 한다든지 텔레비전을 보면서 음식을 먹는다든지 하면서 몸의 소리에 귀 기울이기보다는, 몸을 기계처럼 취급하는 경향이 있다.

이 말은 몸을 기계처럼 여겨서 몸이라는 기계에 고장이 났는가 안 났는가에만 관심이 있다는 말인데, 더욱이 몸에 이상이 생겼을 때조차도 본인 스스로가 몸을 돌보려 하기보다는 의사가 우리 몸에 대해 더 잘 알고 있는 것처럼 자신의 몸을 병원 의사에게 맡겨버리기 일쑤다. 이런 식으로 우리는 항상 몸에서 마음을 떼어놓으려고 한다.

또 다른 예를 들어보면, 어떤 일을 하던 도중 갑자기 머리가 욱신욱신 쑤시며 아팠던 경험들이 있을 것이다. 그러면 어떻게 하는가? '아픈 머리의 감각을 느껴보며 왜 아플까?' 하고 몸의 소리에 귀 기울이기보다는 두통약을 찾거나 아니면 잠시 기분 전환 거리를 찾아 컴퓨터를 켜거나 텔레비전으로 눈을 돌린다. 그리고 잠시 쉬어도 나아지지 않으면 커피와 같은 각성제를 찾기도 한다. 그렇기 때문에 두통이 반복되는 등의 악순환은 계속될 수밖에 없는 것이다.

더 나아가, 아예 자신의 몸과 단절된 사람들도 있다. 즉 몸에서 감정을 아예 차단해 버리기 위해 무언가에 중독이 되거나 아니면 경험과 감정을 분리하는 식으로 반응을 보이는 것이다. 이런 사람들은 자기 몸이 하는 말을 들으려고조차 하지 않는, 그래서 자기 몸이 어떻게 느끼는지를 전혀 모르는 사람들이다.

예컨대 어떤 사람들은 대화나 상담 중에 어린 시절 두 집 살림을 하며 엄마와 자신을 힘들게 했던 아버지에 대한 분노를 말하면서도 남의 일처럼 너무도 담담하게 말하는데, 아마도 이런 사람들은 아버지에 대한 분노가 너무 심해서 그 분노의 감정에 거리를 두기 위함일 것이다. 왜냐하면 분노의 감정 속에 빠지면 자기 자신을 통제할 수 없을 거라 생각이 되니까….

그리고 자신의 몸과 단절되는 경험의 극단적인 예로서는 각종 약물이나 마약, 또는 알코올에 중독되는 경우가 있는데, 이것도 몸으로 느껴지는 고통스런 감정을 피하기 위한 것이라 할 수 있다.

하지만 우리의 몸과 마음은 서로 연결되어 있을 뿐만 아니라 동전의 양면처럼 둘 같지만 하나이기 때문에 결코 분리될 수 없다. 즉 몸에는 감정과 연결된 모든 기억이 저장되어 있다. 사랑, 기쁨, 분노, 두려움을 포함한 모든 감정이 우리의 세포 하나하나에 들어 있다. 그 사람이 살아온 삶의 역사가 그대로 담겨 있다.

그렇지 않은가! 당신이 분노했을 때를 기억해 보라. 기억을 떠올리는 것만으로도 가슴이 뛰며 호흡은 빨라지고 얼굴의 각종 근육은 굳어진다. 심하게는 몸이 떨리기도 한다. 혹은 슬펐을 때를 떠올려 보라. 우리는 온 몸으로 슬픔을 느낀다. 눈가에는 눈물이 맺히고 목소리 톤은 낮아진다. 또한 가슴이 무겁고 답답해진다.

> 몸에는 감정과 연결된 모든 기억이 저장되어 있기 때문에 몸이 전하는 메시지에 귀를 기울인다는 것은 우리의 감정에 귀를 기울인다는 말이다.

이처럼 몸에는 감정과 연결된 모든 기억이 저장되어 있기 때문에 몸이 전하는 메시지에 귀를 기울인다는 말은 우리의 감정에 귀 기울인다는 말이다. 역으로 자신의 감정을 돌아보지 않는다는 말은 몸이 하는 말을 대수롭지 않게 여긴다는 말과 같다.

요약하면, 우리의 몸은 우리가 경험한 바를 하나도 빠뜨림 없이 완벽하게 기억할 뿐만 아니라 끊임없이 무언가를 말한다. 즉 마음의 상태를 끊임없이 몸으로 표현하는 것이다.

그렇기 때문에 몸의 말에 귀 기울이는 것은 때로 말보다 더 정확하다. 예컨대 말로는 화가 난다고 하는데 몸의 감각을 느껴 보라고 하면 '몸이 떨린다'고 할 때, 상황 설명을 들어보면 말보다는 몸의 감각으로 느껴지는 감정이 더 정확할 때가 많다.

즉 내담자가 말로는 아버지에게 화가 났다고 했지만, 실은 아버지가 나를 버리고 가버릴까 봐 두려웠던 것이다. 그래서 내담자의 몸이 '떨림'으로 그 마음 상태를 표현했던 것이다. 다시 한 번 말하지만 그렇기 때문에 몸의 감각에 주의를 기울여 몸이 하는 말에 귀 기울이는 것은 나 자신을 돌보기 위해 가장 우선해야 한다.

그런데 이 몸이 하는 말을 무시하면 어떻게 될까?

앞에서도 이미 예를 들었지만, 밤새워 컴퓨터 작업을 한다면 우리 몸은 뭐라고 할까? 눈꺼풀이 감긴다든지, 하품이 나온다든지, 아니면 어깨가 뻐근해진다든지 하는 등의 감각을 통해 몸은 우리에게 말을 걸어온다. 이러한 몸의 말을 무시하고 계속 작업을 한다면, 다음날 십중팔구 몸이 지쳐서 앓아누울 것이다. 혹은 어깨가 아파서 파스를 붙이거나 병원에 가서 물리치료를 받아야 할 수도 있다.

이와 같이 우리의 마음은 몸을 통해 자신을 표현하려고 하기 때문에, 지난 과거에 억압된 감정이라 할지라도 현재의 몸은 그것을 다 기억하고 있다. 물론 우리가 살아가면서 자신의 마음속에서 일어나는 모든 감정을 다 표현하고 살 수는 없다. 어릴 때는 더욱더 그러기가 힘들다. 하지만 중요한 것은 몸은 그 모든 것을 기억하고 있다는 것과 부정적 감정일수록 몸을 통해 그 흔적이 나타난다는 것이다.

예컨대 A라는 사람은 초등학교 2학년 때 이런 경험을 하였다. 식탁 위에 놓아둔 3,000원이 없어졌는데, 자신밖에 가져갈 사람이 없다며 아버지는 A씨를 다그쳤다. 가져가지 않았다고 말할수록 더 세게 맞았다.

A씨는 아버지에게 부당하게 야단을 맞은 것에 대해 분노했다. 중학생만 되었어도 자신의 억울함에 대해 호소할 수 있었지만, 당시 초등학교 2학년의 나이로 아버지께 대든다는 것은 상상도 할 수 없는 일이었다. 그래서 A씨는 억울하고 화가 났지만 아버지에 대한 분노를 무의식 속에 억압시켜 버렸다.

그리고는 세월이 흘러 직장에 취직을 하게 되었다. 그런데 같은 부서의 K상사만 보면 머리가 지끈거렸다. 상담 중에 이런 사실을 알게 되었다. 같은 부서의 상사는 우연찮게도 자신의 아버지와 이미지가 비슷하였다. 이 상사를 볼 때마다 아버지의 얼굴이 떠오르고, 아버지의 얼굴이 떠오르면서 아버지에 대해 마음속 깊이 묻어 두었던 분노도 함께 올라왔던 것이다. 그리고 바람직하지 못하다고 생각되는 이 분노의 감정을 회피하려다 보니까 두통이 오는 것이다.

다시 말해, 인간은 두 가지의 서로 상반된 성향을 함께 가지고 있다. 한 가지는 선천적으로 편치 않은 감정을 회피하고자 하는 경향이 있어서 부정적 감정을 억압하게 되는 것이며, 또 다른 한 가지는 무의식 속에 억압된 감정들을 끊임없이 의식으로 끌어내서 표현하고 싶어 한다는 것이다.

그런데 이 분노의 감정을 표현하면 아버지와의 관계가 감당할 수 없을 정도로 깨어질 것 같아서, 이 분노의 감정이 의식 표면으로 떠오르지 못하도록 자신의 몸을 긴장시키다 보니 두통이 발생한 것이다. 물론 이 모든 과정은 무의식적으로 이루어진다. 이것은 목, 어깨, 허리 등등의 각종 통증 치료에서 통증의 원인이 정서적인 요소에 있다고 보는 관점을 요약한 것이다.35)

통증에 대한 일부 학설은 통증이 일어나는 신경생리학적 원인을 밝힐 수 없을 때 그 원인을 내적 요인으로 돌린다. 즉 통증을 감정과 같은 심리적 요인 때문에 생기는 것으로 보는 것이다. 긴 여행길에서 불편한 자세로 열차 안이나 비행기 안에 있을 경우 근육이 긴장하면 통증을 느끼듯이, 오랫동안 감정적인 문제로 근육이 긴장하다 보니까 통증이 생기는 것이다.

이 사례의 A씨가 호소하는 두통은 이처럼 감정적 요소와 관련되어 있는데, 통증 의학의 관점에서 보면 이 사람은 오랜 세월 동안 무의식 안에 억압시켜 둔 아버지에 대한 분노를 알아차리고 또 그 분노를 표현해야만 두통이 사라질 수 있다. 두통이 심리적으로 유도된 것이기 때문에, 그 심리적 이유를 알아야 두통이 사라질 수 있다는 것이다.

이처럼 감정은 두통이나 다른 여러 가지 통증의 옷을 입고 우리의 몸을 통해 자신을 표현하는가 하면, 심장병이나 암과 같은 각종 질병의 형태로 몸을 통해 자신을 표현하기도 한다.

　보통 'A유형(Type A)의 성격' 하면 두 가지 일을 동시에 수행해야 직성이 풀릴 정도로 참을성이 없고, 승부에 집착하며 쉽게 화를 내는 모습을 떠올린다. 또한 이들은 성공에 대한 욕구가 강해서 충분히 심사숙고하지 않고 무작정 일에 뛰어드는 경향이 있다. 샌프란시스코 심장 전문의 메이어 프리드먼(Meyer Friedman)과 로이 로젠먼(Roy Rosenman)의 연구에 의하면, 이 유형의 성격을 가진 사람들은 심장병과 같은 순환기 질환에 걸릴 확률이 높다고 한다.

　이 연구를 통해 심장병 외에 다른 병에 걸리기 쉬운 성격 특성도 있다고 가정할 수 있는데, 그중 하나가 암에 걸리기 쉬운 성격, 즉 C유형의 성격이다. 'C유형(Type C)의 성격'이란 자신의 감정을 억누르는 것을 미덕이라 생각하며, 다른 사람의 욕구를 충족시켜 주기 위해 자신의 욕구를 포기한다. 또한 자기주장을 하기보다는 항상 다른 사람에게 양보하고 다른 사람의 입장에서 행동하는 경향이 있다. 캘리포니아 대학교의 심리학과 리디아 테모쇼크(Lydia Temoshok) 박사에 의하면, 이런 유형의 성격을 가진 사람들은 암에 걸릴 확률이 굉장히 높다고 한다.

　암 전문의면서 암에 대해 심리학적인 접근을 하는 칼 사이먼튼(O. Carl Simonton)도 감정 상태나 표현되지 못하고 억압된 감정과 암의 발병률은 특히 밀접한 관련을 가진다고 주장하는데, 많은 암 환자들은 감정을 표현하기보다는 마음속에 담아두는 경향이 있으며 다른 사람에게 끊임없이 좋은 모습을 보이고자 하는 욕구를 가진다고 한다.

그는 또한 암 환자들이 보이는 주요한 인생 패턴으로 가족에 대한 헌신을 꼽고 있다. 살아가면서 이들은 자신의 욕구들을 충족시키고자 하기보다는 남편과 자식들에 대한 욕구를 더 우선하고, 가족을 돌보는 데에만 온 신경을 집중한다.

그렇기 때문에 자신만의 정체성(예를 들면, '나는 내 나름대로 특별한 존재다'와 같은)은 없고, 남편이나 아이들과 연결된 정체성(예를 들면, '나는 OO의 아내다' 혹은 '나는 OO의 엄마다'와 같은)만 있다.

이들은 그래서 아이들이 대학에 입학하거나 결혼을 하면 '삶의 일부가 잘려나가는 듯한' 느낌을 받기도 하고, 때로는 우울감에 빠져들기도 한다. 또한 이런 부류의 사람들은 살아오면서 실망이나 좌절감을 많이 경험한다고 한다. 이렇듯 표출되지 못한 감정은 우리의 면역기능의 저하를 일으킴으로써 질병을 유발시킨다.36)

마지막으로, 억압시킨 감정들은 습관적인 몸의 움직임으로 표현될 수 있다. 이를테면 고통스러운 감정들을 느끼고 싶지 않아서 어떤 몸의 움직임(손가락으로 입술을 만지거나 깨물기 혹은 얼굴을 문지른다든지 하는 것들)을 습관적으로 행하는 것이다.

빌헬름 라이히에 의하면, 방어는 항상 신체가 긴장하는 형태로 나타난다고 하는데, 방어는 고통스런 감정을 막기 위해 몸의 움직임들을 통해 신체를 긴장시키는 것이다.

라이히에 의하면 이것이 일시적으로는 도움이 되지만(주의가 감정을 느끼는 것에서 몸의 움직임으로 전환되었기 때문에 고통스러운 감정을 느끼지 않아도 된다), 장기적으로는 감정 에너지를 차단시켜 성장에 방해가 되므로 신체 작업을 통해 해제해야 한다고 하였다.

억압시킨 감정이 습관적인 몸의 움직임으로 나타나는 것을 잘 보여주는 것으로서 크리스틴 콜드웰의 사례가 있다.[37]

이 내담자는 네 살 때 엄마가 암으로 사망했다. 특이한 점은, 상담 도중에 무의식적으로 얼굴을 자꾸 문질렀는데, 특히 이야기를 하다가 마음이 편치 않을 때 손으로 얼굴을 문지르는 습관이 있었다.

콜드웰은 그 습관을 없애려고 하기보다는, 그 동작을 마음껏 허용하면서 고의적으로 얼굴을 문지르게 하였다. 그 결과 이 내담자는 자신이 아버지에 대한 특별한 기억을 떠올릴 때마다 얼굴을 심하게 문지른다는 것을 알게 되었다.

엄마가 보고 싶어 눈물을 흘리면, 아버지는 굉장히 야단을 치셨다. 그래서 엄마가 보고 싶은 감정을 억지로 억압시켜 눈물을 흘리지 않으려다 보니까, 그것이 '손으로 얼굴을 문지르는 행위'로 바뀌어 나타난 것이다.

내담자는 상담을 통해 그런 아버지에 대한 분노를 다시 찾아 표현할 수 있게 되었다. 이것은 이 내담자가 오랫동안 억압시켜 두었던 감정의 치유 과정이었다. 이런 과정을 거친 후 이 내담자의 흡연량은 현저히 감소했다고 한다.[38]

이처럼 감정을 억압시키다 보면 그 대신 습관적인 몸의 움직임들이 나타날 수 있는데, 어떤 사람은 입술을 만지거나 깨물고, 어떤 사람은 가슴을 탁탁 치는 동작을 통해서 자신의 감정을 억압하고 있음을 나타낸다.

이 세 가지-몸의 통증, 몸의 질병(특히 암), 습관적인 몸의 움직임-는 모두 '마음 상태를 몸으로 보여주는 몸의 소리들' 이다. 이처럼 육신의 몸을 입고 이 땅에서 살아가는 우리는 보이지 않는 마음을 몸을 통해 들여다볼 수 있다. 지금부터는 이 세 가지에 대해 하나하나 구체적으로 살펴보려고 한다.

✳ ✳ ✳ 감정은 몸의 통증으로 자신을 표현한다

20세기 의학에서는 스트레스가 신체에 미치는 영향에 대한 연구와 더불어 질병과 정서적인 문제의 상관관계에 대해서 관심을 갖게 되었다. 특히 미국 뉴욕대의 재활의학과 존 사노(John E. Sarno) 박사는 환자들이 호소하는 목, 어깨, 허리, 팔과 다리 통증의 대부분을 긴장성 근육통 증후군(Tension Myositis Syndrome)이라 명명하였다. 이것은 환자들이 호소하는 통증의 근원이 신체 구조적인 이상 때문이 아닌 정신적인 긴장으로 인한 통증 증후군임을 밝혀낸 것이다. 그는 통증 이면에 있는 환자들의 숨겨진 감정을 다루어 줌으로써 통증에서 벗어날 수 있도록 하였다.

일반적인 통증은 기질적인 종양과 같은 뚜렷한 신체적인 질병에 의한 것을 제외하고서는 자신도 모르게 무의식 속에 쌓아둔 '분노'와 같은 부정적인 감정으로 인해 생기게 된다.

무의식 속에 쌓인 많은 감정들을 직접 대면하고 느끼게 되는 것을 꺼리거나 두려워하여 분노의 감정을 숨겨 버리려고 애를 쓰다 보니까, 그 애씀이 근육을 긴장시키는 신체적 방어로 나타나고 그것이 습관이 되어 결국 감정적 스트레스가 육체에 통증으로 대신 나타난 것이다.

그렇기 때문에 대부분의 통증은 무의식 속에 쌓여 있는 억압된 감정-특히 분노-에서 비롯된 심인성 질환이라는 사실을 깨달아야 근본적인 치료를 할 수 있다.

예를 들어, 어떤 사람은 특별한 이유 없이 붉은색 계열의 넥타이나 옷 종류를 입기 꺼려했는데 이 사실을 자신도 몰랐다. 나중에 알고 보니 어린 시절 누나들이 입던 빨간색 내복을 억지로 입었던 기억 때문에 지금까지 무의식적으로 붉은색 계열의 옷을 싫어한 것이다. 그 당시에는 그것처럼 싫은 일이 없었다. 왜냐하면 빨간색 내복이 바지 밖으로 삐져나와 친구들에게 놀림을 받았기 때문이다.

이처럼 일반적으로 우리 행동의 대부분은 무의식의 지배를 받는데, 심리학에서 말하는 무의식은 태어나서 지금까지 경험한 모든 것들에 대한 기억, 특히 표현하지 못하고 억압된 감정들-논리적이지도 않고 때로는 아주 끔찍한 그래서 사회적으로 도저히 용납될 수 없는 그런 감정들-이 모여 있는 곳이다.

이 사람의 경우도 누나들의 빨간색 내복을 입기는 했지만 입기를 강요한 엄마에 대해 분노의 감정을 가질 수밖에 없었고, 그 감정으로 엄마와 관계가 불편해지니까 그 감정을 무의식 속에 억압시켜 놓았던 것이다.

그 후 오랜 세월이 지나 결혼기념일에 아내에게 빨간색 잠바를 선물 받았는데, 허리에 통증이 느껴지기 시작한 것은 바로 이 시점이었다. 빨간색 잠바가 무의식에 억압시켜 놓았던 엄마에 대한 분노를 생각나게 했고, 그 분노의 감정과 직면하고 싶지 않은 마음이 허리에 통증을 일으킨 것이다. 즉 이 남자의 통증은 엄마와의 불편한 관계 때문에 빚어진 것이다.

이렇듯 우리의 행동을 지배하는 무의식의 특징은 그 안에 억압된 감정이 의식 위로 떠오르려는 경향을 가진다는 것이다. 이 말은 밥에 굶주린 사람이 밥을 찾고 사랑에 목마른 사람이 사랑을 그리워하는 것처럼, 억압된 감정이라는 것은 주목받지 못하고 또 표현하지 못한 감정이기 때문에 자신을 알아달라고 끊임없이 의식을 향해 몸부림을 친다는 것이다.

무의식은 의식을 향해 자신을 알아달라고 몸부림을 치지만, 다른 한편 우리는 억압된 감정이 의식으로 떠오르려는 것이 두려워 그 감정을 직면하지 않으려고 한다.

즉 불편하고 부정적인 감정과 직면하는 것이 힘들어서 무의식 속에 억압된 감정이 의식으로 떠오르려는 것을 막으려고 애쓰다 보니까 몸의 한 부분의 근육을 긴장시키게 되고, 그 일이 반복되니까 급기야는 통증이 생기게 된 것이다. 그런 식으로 우리의 주의가 신체의 어떤 부위에 있는 통증에 집중되어 있는 동안에는 온통 관심이 그 통증에만 집중되기 때문에, 억압된 감정이 드러날 이유가 없다. 결국 통증과 같은 신체적 증상들은 직면하기 두렵고 겁나는 감정들과 접촉하지 않으려고 몸부림치다가 생긴 것이라 할 수 있다.

이렇듯 신체적 증상들은 회피하고 싶은 감정을 억압하도록 도와주기 때문에 우리가 통증의 심리적인 측면을 고려하지 않고 신체적인 측면에서만 바라본다면, 통증은 절대로 사라지지 않는다는 사실을 기억해야 한다.[39]

따라서 이제 통증의 치료에 대한 관점 또한 바뀌어야 한다. 왜냐하면 신체적 요인이 아닌 심리적 요인이 통증의 원인이기 때문에 X선 촬영이나 CT촬영, 그리고 MRI 검사를 통해 진단을 하고 또 다양한 치료법을 시행해도 통증을 호소하는 사람의 수는 감소하지 않기 때문이다.

그렇다면 이제 통증에 대해 어떤 식으로 접근을 해야 좋을까? 우리의 관심을 신체적인 통증에서 심리적인 것으로 돌려야 한다.

가장으로서 자신의 역할을 망각하고 가출한 아버지에 대한 분노를 평생 가슴에 품고 살아온 50대 여성이 있었다. 이 여성은 어깨 결림으로 수년 동안 고생을 하면서 물리치료도 받고 침도 맞았지만, 여전히 통증으로 고통스러워하였다.

어느 날 약손을 받으면서 뭉친 근육이 풀어짐과 동시에 몸이 이완되자, 옛날 일이 떠올랐다. 그때, 자신이 아버지에 대해 분노하고 있음을 알아차린 것이다. 한참 동안 눈물을 흘린 후에 약손을 해주시는 분께 아버지에 대한 감정의 응어리들을 풀어 놓았다.

신기하게도, 그 이후로 통증이 사라졌다. 물론 약손을 통해 뭉친 근육을 풀어주고 또 억압시켰던 감정을 털어놓은 것 두 가지가 다 통증이 사라지도록 하는 데 기여하였다고 볼 수 있다.

> "동쪽에서 뺨 맞고 서쪽에서 화풀이한다"는 속담이 있듯이, 감정을 표현하지 않으면 언젠가는 그 대가를 치르고 만다.

따라서 특별한 이유 없이 두통으로 고생을 한다든지 아니면 신체의 어떤 부위에서 통증이 느껴질 때는, 의식적으로 우리의 주의를 인간관계에서 표현하지 못한 감정이나 집안 문제로 인한 마음 상함, 혹은 경제적인 문제로 인한 근심 걱정 등의 심리적 요인에 두어야 통증으로 인한 고통에서 되도록 빨리 벗어날 수 있다. 그리고 무엇보다도 살아가면서 경험하게 되는 자신의 감정을 외면하지 않고 있는 그대로 느낄 뿐만 아니라, 그 느낀 감정을 자연스럽게 표현하는 것이 가장 중요하다.

"동쪽에서 뺨 맞고 서쪽에서 화풀이한다"는 속담이 있듯이, 감정을 표현하지 않으면 언젠가는 그 대가를 치르고 만다. 프로이드도 감정을 억압하면 실언을 하게 된다고 하였다. 따라서 감정을 묻어두지 않고 표현할 필요가 있는데, 일반적으로 우리에게는 자신의 감정을 간접적으로 표현하거나 남을 비난하는 것으로 감정을 처리하는 경향이 짙다.

감정을 처리하는 가장 좋은 방법은 뭉뚱그리지 말고 특정 상황(행동)과 관련지어 나를 주어로 표현하는 것이다. 예를 들면 "네게 실망했다"보다는 "네가 꾸어간 돈을 제때 주지 않아서 나는 네게 실망했다"라고 하는 것이다.

한편 상대방에게 감정을 표현하는 것이 가능하지 않을 때는 또 다른 누군가에게 자신의 속상한 마음을 털어놓는 것도 좋은 방법이다. 왜냐하면 이렇게 하는 것 자체만으로도 마음이 안정되고 표현하지 못해서 묶여 있던 감정 에너지가 자유롭게 풀려질 수 있기 때문이다.

때로는 운동과 같은 육체적인 활동을 통해 감정을 발산하는 것도 효과가 있다. 억압된 감정, 특히 부정적인 감정은 근육을 긴장시켜서 감정 에너지가 자유롭게 흐르지 못하도록 방해하는데, 운동과 같은 스포츠 활동은 뭉친 근육을 풀어주어 감정 에너지가 자유롭게 흐르도록 해주기 때문이다.

✽ ✽✽ ✽ 감정은 몸의 질병으로 자신을 표현한다

이미 앞에서 언급했듯이, 화가 났을 때 마음속에 담아 두기보다는 차라리 옆에 있는 사람에게 터트리는 것이 좋다. 화를 잘 내는 'A유형의 성격'을 가진 사람들은 심장병과 같은 순환기 질환에 걸릴 확률이 높지만, 화가 났을 때 그것을 표현하지 않고 그저 마음속에 담아두는 C유형의 사람들은 '암'에 걸릴 확률이 높기 때문이다. 이 말은 '암'이라는 질병은 감정을 표현하지 않고 억압시키는 것과 밀접한 관련이 있다는 것을 의미한다.

감정은 에너지기 때문에 억압시킨다고 해서 없어지는 것이 아니다. 밥을 하면서 김을 빼주지 않으면 압력밥솥이 폭발하듯이, 밖으로 표출되지 않고 안으로 억압시킨 감정은 언젠가는 폭발하고 만다. 가슴속에 계속 묻어둔 감정의 응어리들이 급기야는 폭발해서 생긴 질병이 바로 '암'인 것이다.

우리는 억압된 감정들이 정말 종양을 일으키는 것인지 잘 알지 못한다. 그러나 평생 분노와 같은 감정들을 억압하면 그것이 질병에 대한 면역력을 약화시켜서 세포에 문제가 생긴다는 가설이 지배적이다.

우디 앨런은 영화 〈맨해튼〉에서 비길 데 없이 독특한 방식으로 이 점을 부각시키고 있다. 그의 여자 친구 역을 맡았던 다이앤 키튼은 다른 남자친구가 생겼다며 결별을 선언한다. 앨런은 아무런 반응도 하지 않는다. 그런 앨런에게 키튼이 소리를 지른다.

"화를 내고 솔직하게 이야기를 해야 결판이 날 게 아냐?"
"나는 화가 나지 않아, 알아?"
앨런이 대답했다.
"내 말은 속으로 삭인다는 거야. 그게 바로 내가 가진 문제점이야. 대신 나는 종양을 키우고 있어." 40)

이처럼 우리는 겉으로는 아무렇지도 않은 듯 보이지만 속으로는 병이 든다. 감정적인 문제 때문에 육체적인 질병을 얻을 수도 있는데, 왜냐하면 감정은 에너지이기 때문이다.

> 감정은 움직이는 에너지로서 감추거나 억압한다고 해서 없어지는 것이 아니다. 없어진 것처럼 보일 뿐 결국에는 폭발하고 만다.

감정은 움직이는 에너지로서 감추거나 억압한다고 해서 없어지는 것이 아니다. 없어진 것처럼 보일 뿐 결국에는 폭발하고 만다. 이런 경우를 한 번 생각해 보자.

한 학생이 학교에서 친구와 장난을 치다가 억울하게 선생님께 혼이 났다. 하지만 감히 선생님께 친구가 먼저 장난을 걸어왔고, 대꾸하지 않다가 너무 화가 나서 한 대 때린 것이라고 말하지를 못했다.

집에 돌아왔을 때 거실에 계신 엄마와 마주쳤지만 너무 속상해서 아무런 말도 없이 자기 방으로 들어가 버렸다. 그러자 엄마는 인사도 하지 않는 버릇없는 놈이라고 소리를 질러댔다. 이 학생은 그렇지 않아도 화가 났는데 야단까지 맞으니 폭발할 것 같은 기분이었다. 그래서 그만 침대 옆에 쭈그리고 앉아 있는 애완견을 발로 걷어차고 말았다.

다시 한 번 강조하지만, 감정은 에너지이기 때문에 보이지는 않지만 감추고 또 억압시킨다고 해서 밖으로 표출되지 못한 감정이 없어지는 것은 아니다. 그 대신, 문을 주먹으로 내리치거나 혹은 또 다른 행동으로 표출되든지, 아니면 몸 안에서 질병으로 나타나든지 하게 될 것이다.

이처럼 '내가 참자' 라는 생각이 혹은 표현하지 못한 감정이 몸에 영향을 미쳐 '암' 이라는 질병을 불러일으킬 수 있는데, 에반스(Elida Evans)는 100명의 암 환자에 대한 분석을 통해, 암 발병 전에 인간관계 속에서 감정적으로 어려움을 경험한 경우가 많다는 결론을 내렸다.

에반스에 의하면, 암 환자들은 자신만의 개성을 개발하기보다는 자신의 정체성을 어떤 역할(아버지, 어머니, 남편, 아내 등)에 두는 경향이 있다. 그래서 이들은 자녀가 대학에 입학하거나 결혼으로 인해 자신의 역할이 모호해지면 힘들어 한다.

또한 이들에게는 자신의 욕구보다는 다른 사람들의 욕구를 우선시하는 특성이 두드러졌는데, 이들은 화가 났거나 상처를 받았을 때조차 그 감정을 다른 사람들에게 털어놓지 못했다. 그렇기 때문에 다른 사람들은 "그 사람은 천사 같아요" 내지는 "그 사람 정말 친절하고 좋아요"라는 식으로 말하기를 좋아한다. 한마디로, 이들은 남들에게 좋은 인상을 주고 싶은 강한 욕구를 갖고 있기 때문에 스스로 감정 배출구를 차단시키고 있다고 할 수 있다.[41]

그렇다면 심리 상태와 신체 상태가 서로 어떻게 맞물려서 '암'이라는 질병이 발생하는 것일까? 칼 사이먼튼의 암 발생 심신 모델(mind-body model)은 다음과 같다.

심리적 스트레스
⇩
우울증, 절망
⇩
대뇌변연계
⇩
시상하부 활동 뇌하수체 활동

면역 체계(항암 메커니즘 포함) 내분비계(호르몬 불균형 초래)

면역 활동의 억압비정상 세포 증가

⇩

암 증식

‖ 암 증식 과정 설명

◆ 이미 앞에서도 살펴보았듯이 스트레스는 사람들로 하여금 암을 비롯한 여러 가지 질병에 걸리기 쉽게 만든다.

◆ 문제는 스트레스 자체가 아니라 스트레스에 어떻게 대처하느냐 인데, 스트레스에 잘 대처하지 못하면 그 결과로 우울증이나 절망감 혹은 무력감이 나타날 수 있다. 그래서 이런 감정들은 암에 선행하는 감정이라고 알려져 있다.

◆ 대뇌변연계에는 인간이 느끼는 모든 감정과 감각이 기록된다. 그렇기 때문에 대뇌변연계에는 개인이 경험하는 우울감과 절망감이 기록된다.

◆ 대뇌변연계가 신체에 영향을 미치는 주된 경로는 대뇌의 작은 부분인 시상하부다. 시상하부가 대뇌변연계로부터 받은 메시지는 두 가지 중요한 방식으로 전환된다.

첫째, 시상하부의 일부(인간의 감정적 스트레스에 가장 민감한 부분)가 면역 체계의 제어에 참여한다. 둘째, 시상하부는 뇌하수체 활동을 통제하는 데 중요한 역할을 담당하며, 이는 다시 신체 전역에 미치는 광범위한 호르몬 제어 기능으로 나머지 내분비계를 통제한다.

• 신체 고유의 방어 기제인 면역 체계는 우리 몸에 때때로 존재하는 암 세포를 보유하거나 파괴하도록 고안되어 있다. 이러한 면역 체계의 억압은 암으로 나타날 수 있다.
  이 심신 모델에서 감정적 스트레스(대뇌변연계에 의해 시상하부에 전달된)는 면역 체계의 억압을 유발함으로써 신체가 암의 발달을 수용하게끔 만든다.

• 시상하부는 신체의 호르몬 균형을 변경시키는 방식으로 뇌하수체를 자극하는데, 부신 호르몬의 불균형은 발암 물질의 수용성을 더욱 높이는 것으로 드러났다.

• 호르몬 불균형의 결과는 신체 내 비정상 세포를 증가시키고, 이러한 세포와 싸우는 면역체계의 능력을 약화시켜서 암을 일으킨다.[42]

✲ ✲✲ ✲ 감정은 습관적인 몸의 움직임을 통해 자신을 표현한다

앞에서 이미 살펴보았듯이 우리가 성장하면서 받은 상처는 대부분 감정적인 것으로 몸에 저장될 뿐만 아니라, 몸을 통해 표현된다. 즉 상처 입은 감정은 몸을 통해 자신을 표현하는데, 각종 통증이나 암을 비롯한 여러 가지 질병의 형태로 자신을 드러내기도 하지만, 때로는 몸짓 등 어떤 습관적인 몸의 움직임으로 자신의 상처 입은 감정을 드러낸다.

좀더 구체적으로 말하면, 어떤 습관적인 몸의 움직임은 자신이 감당할 수 없는 고통스러운 감정을 느끼고 싶지 않아서 삶의 모든 경험과 감정을 담고 있는 몸에서 벗어나고자 몸부림치는 행위라는 것이다.

이를테면, 고통을 잊고 싶어서 술을 마시거나 아니면 중독성 물질을 복용하는 것처럼 몸을 통해 고통스러운 감정이 올라올 때마다, 어떤 몸짓 즉 습관적인 몸의 움직임을 통해 그 부분의 신경을 둔화시켜서 그 고통스러운 감정이 느껴지지 않도록 하는 것이다.

크리스틴 콜드웰(Christine Caldwell)의 사례다. 상담 중에 이 내담자는 담배를 피울 때의 손동작이 얼마나 재미있는지를 과시하면서 담배를 입으로 가져가 그것을 삼키듯이 장난스러운 팬터마임을 시작했다. 상담자가 그에게 눈을 감고 그러한 제스처를 할 때 일어나는 느낌에 머물러 있어 보라고 하자, 그는 점점 슬픈 기색을 보이더니 입술을 손끝으로 문질렀다. 그러다가 "아무도 내게 키스나 포옹을 해준 적이 없어요"라고 이야기하며 눈물을 보였다.

이 내담자의 경우 어린 시절 몸으로 사랑받고 싶은 욕구의 좌절이 입술에 손끝을 대며 고통을 무뎌지게 하는 행위로 이어졌고, 커서는 담배로 하는 습관적인 손동작으로 진화되었다고 볼 수 있다. 결국 이런 습관적인 동작들은 고통스런 감정을 억압시키는 한 방편으로써, 이런 습관적인 동작은 고통스런 감정에서 벗어나 자신을 편안하게 해주는 역할을 한다.43)

이렇듯 몸에서 느껴지는 어떤 감정때문에 너무 괴로운데도 그 감정을 표현할 수 없을 때, 우리는 모든 것을 기억하고 있는 몸을 떠나고 싶어 몸부림을 친다. 그렇기 때문에 어떤 습관적인 몸의 움직임을 통해 고통이 올라오는 부위의 신경을 둔화시키는 것이다.

> 습관적인 몸의 움직임은 바로 숲속에 떨어뜨려 놓은 빵부스러기와 같이 우리가 표현하지 못했던 감정이 풀려질 때까지 우리에게 억눌린 감정이 있음을 알려주는 역할을 한다.

하지만 떠날 때 빵부스러기를 흘려 놓아 어두운 숲 속에서 돌아올 길을 마련해 놓는 동화 속의 아이들처럼 몸도 그렇게 영리하다. 다시 말해, 습관적인 몸의 움직임은 바로 숲속에 떨어뜨려 놓은 빵부스러기와 같이 우리가 표현하지 못했던 감정이 풀려질 때까지 우리에게 억눌린 감정이 있음을 알려주는 역할을 한다.44) 따라서 정서적 상처들을 치유해 감에 있어서 몸의 소리에 귀 기울이는 것은 절대적으로 중요하다.

이런 이유들로 우리는 우리의 몸이 보이는 습관적인 동작이나 행동들을 관찰하고 또 그것에 주의를 줄 필요가 있는데, 그런 동작들에 주의를 주다 보면 그런 동작들과 연관된 감정과 사건이 떠오르게 마련이다. 그 이유는 우리의 몸은 우리가 잊고 있는 마음의 상처들을 담고 있을 뿐만 아니라 기억하고 있는데, 습관적인 동작이나 행동들은 마음의 상처와 기억들을 말해 주는 거울과 같은 역할을 하는 것이기 때문이다.

어떤 40대 여성은 스트레스만 받으면 방에 틀어박혀 어깨를 움츠리고 무릎을 껴안은 채로 얼굴을 무릎에 파묻고 우는데, 이 여성의 경우도 고통스러운 감정이 몸을 통해 올라올 때마다 이런 동작을 통해 그 부위의 신경을 둔화시켜 고통스러운 감정을 느끼지 않으려 했던 것이다.

이 여성은 어린 시절 엄마 아빠가 소리 지르며 싸울 때마다 무서워서 싸움이 그칠 때까지 자기 방에 들어가 어깨를 움츠린 채 무릎을 껴안고 오랜 시간을 보내곤 했다. 엄마 아빠의 싸움이 끝날 때까지 이 자세를 취하면 안심이 되면서 편안함까지 느껴졌는데, 이것은 감정이 올라오던 그 신체 부위의 신경이 무디어졌기 때문이다. 즉 이런 몸의 움직임은 무섭고 두려운 감정을 회피하는 한 방편이었던 것이다.

지금까지 살펴본 것처럼, 우리는 습관적인 몸의 움직임으로 자신의 상처 입은 감정을 드러내는데, 그렇다면 이번에는 좀더 사적이고 또 일반적인 해석을 내리기 힘든, 습관적인 몸의 움직임이 아니라 우리의 주변에서 쉽게 관찰할 수 있는 감정을 반영하는 신체 현상들에 대해 살펴보자.

첫째, 호흡이다.

우리는 불안이나 두려움이 호흡과 직결된다는 것을 쉽게 관찰할 수 있다. 이를테면 면접 대기 장소에서 면접을 기다리고 있다고 가정해 보

자. 가슴이 뛰면서 호흡이 빨라짐을 느낄 수 있을 것이다. 이 외에도 '숨 죽이다' 라는 표현이 있는데, 앞에서 엄마 아빠가 싸울 때 숨죽이며 어깨를 움츠린 채 무릎을 껴안은 자세로 꼼짝 않고 있었던 그 여성처럼, 우리는 무섭고 두려운 상황에서는 숨을 죽이게 된다. 이처럼 호흡은 감정을 있는 그대로 보여준다.

둘째, 목소리와 억양이다.

일반적으로 화가 나면 목소리가 커지고 톤이 올라가게 된다. 반면에, 주눅이 들거나 자신감이 없을 때는 목소리가 작아지게 마련이다. 하지만 목소리와 억양이 감정과 매치되지 않을 때 우리는 그것을 고통스러운 감정을 회피하다 생긴 것으로 간주할 수 있다.

어린 시절 자신보다 언니를 훨씬 더 예뻐한 아버지에 대해 매우 화가 났던 경험을 누군가에게 이야기할 때, 남 얘기하듯 무덤덤하게 이야기를 하는 경우가 있다. 이것을 심리학적으로 분석해 보면, 자신의 감정을 있는 그대로 표현했을 때 그 격한 감정 속으로 자신이 빠져들어 화난 자신의 감정을 통제할 수 없을 것 같아서 감정과 거리를 두기 위함인 것이다. 혹은 50살이 훨씬 넘었는데도 목소리는 십대의 응석 섞인 목소리를 낸다든지 하는 것도 감정과 관련된 어떤 이유가 있을 것이다.

셋째, 얼굴 표정이다.

얼굴 표정 또한 감정을 있는 그대로 반영해 주는 거울과 같다. 즉 어떤 사람은 대화 중에 아버지 얘기만 나오면 얼굴이 굳어진다든가 혹은 특정 주제만 나오면 갑자기 표정이 밝아지기도 하고 반대로 어두워지기도 한다.

마지막으로, 손을 이용한 여러 가지 동작이다.
긴장을 하면 우리는 자신도 모르게 두 주먹을 불끈 쥐며 안정을 찾으려 한다. 또 불안할 때 우리는 손톱을 물어뜯는다든지 손가락을 만지작거린다. 혹은 어떤 모임에서 싫은 사람과 스치고 지나가게 될 때는 나도 모르게 어깨를 움츠리며 몸을 뒤로 빼게 된다.

6장 내 몸의 언어는 감각이다

✽ ✽✽ ✽ 몸은 끊임없이 감각으로 우리에게 말을 걸어온다

인간관계 속에서 생기는 대부분의 문제는 옳고 그름의 문제가 아니라 서로가 느끼는 감정에 대해 제대로 된 적극적 경청과 공감을 해주지 못하기 때문이라는 것을 이미 앞에서 살펴보았다. 다시 말해, 나의 생각과 판단만을 일방적으로 전달하고 상대방이 하는 말이나 감정에는 귀 기울이려고 하지 않기 때문에 서로 갈등하며 화목하게 지내지 못하는 것이다.

우리의 몸도 마찬가지다.

몸의 언어는 감각이기 때문에 몸은 끊임없이 감각으로 우리에게 말을 걸어오지만 우리는 몸의 소리에 귀 기울이지 않는다. 그렇기 때문에 우리는 내 감정을 포함하여 내 모든 삶의 경험이 담겨 있는 자신의 몸과 화목하게 지내지 못한다. 몸의 소리에 귀 기울이는 것은 병에 걸렸거나 다쳤을 때뿐인 거 같다. 그리고 그런 식으로 몸이 우리에게 자신의 존재를 드러내면 우리는 놀라고 당황해서 어쩔 줄을 모른다.

이를테면 밤이 새도록 컴퓨터 앞에서 작업을 하고 있거나 텔레비전을 보고 있다면, 목이 뻣뻣해지면서 눈꺼풀은 감기고 하품이 나는 등 몸은 여러 가지 감각으로 우리에게 피곤하다고 신호를 보내온다. 만일 우리가 이러한 몸의 감각이 주는 메시지를 이해한다면, 몸이 너무 피곤하다고 그래서 좀 쉬고 싶다고 말하는 것을 듣고 즉각적으로 반응을 보여 몸을 쉬도록 할 것이다.

하지만 대다수의 사람들은 어떤가? 몸이 부드럽게 말할 때는 전혀 듣지 않다가 큰 병에 걸렸거나 다쳤을 때 비로소 몸의 소리에 귀를 기울인다. 그렇지 않은가. 어떤 질병의 초기나 중기 때에도 우리의 몸은 여러 가지 감각을 통해 우리 자신에게 알려왔을 텐데….

흔히 사람들은 암 말기가 되어서야 타인에 의해 혹은 몸이 하는 말에 마침내 응하여 급하게 병원으로 달려가는 경향이 있다. 참으로 아이러니하다. 몸의 감각은 오직 자기 자신만이 느낄 수 있는 자신의 감각임에도 자신은 잘 느끼지를 못하고 도리어 타인에 의해 느껴질 정도가 되다니….

우리가 이 세상에 태어났을 때 우

> 몸이 부드럽게 말할 때는 전혀 듣지 않다가 큰 병에 걸렸거나 다쳤을 때 비로소 몸의 소리에 귀를 기울인다.

리에게 우리 자신의 몸을 선물로 주신 하나님은 우리가 자신의 몸과 잘 지낼 수 있도록 우리에게 감각 능력을 부여해 주셨다. 바로 몸의 감각을 통해 지금-여기에 있는 나 자신의 존재를 확인하며 마음이 담겨있는 자신의 몸과 잘 소통하며 살도록 하신 것이다. 그렇기 때문에 몸의 언어는 감각이라고 할 수 있다.

하지만 바로 위에서 언급했듯이 몸의 언어인 감각과 원활하게 소통을 하며 사는 사람은 많지 않다. 왜일까? 답을 하기 전에 먼저 다음의 지시대로 따라 하면서 자신의 감각 능력이 어느 정도 되는지 테스트해 보자.

♦ 여러분이 지금 있는 그곳에서 편안히 누워 눈을 감고 바닥에 닿아 있는 등의 촉감을 느껴 보라. 혹 의자에 앉아 있다면 그냥 그 상태에서 발이 바닥에 닿아있는 촉감이나 의자에 닿아 있는 등의 촉감을 느껴 보라. 발바닥이 혹은 등이 뭐라고 말을 하는가? '차갑다' 고 하는가? 아니면 '좋다' 고 하는가? 발바닥이나 등은 우리 몸의 가장 소외된 부분으로서 어쩌면 우리는 자신의 발바닥이나 등과 한 번도 대화를 나눈 적이 없을지도 모른다.

♦ 이번에는 호흡에 주의를 두고 들이쉬고 내쉬는 숨을 한번 바라보라. 숨을 들이쉬고 내쉼에 따라 신체의 어떤 부분이 움직이는지 느껴 보라. 배가 부풀어 올랐다가 가라앉는 것이 느껴지는가? 아니면 가슴이 올라갔다가 내려가는 것이 느껴지는가?

◆ 자, 이번에는 오른쪽 다리를 들었다 내려놓아 보라. 오른쪽 다리가 뭐라고 말하는가? 다음은 왼쪽 다리를 올렸다 내려놓아 보라. 왼쪽 다리가 뭐라고 말하는가? 다리를 들어 올릴 때 다리가 너무 힘들다고 하지는 않는가?

이 지시문대로 따라 할 때, 몸의 미세한 감각이 잘 느껴지지 않고 단순히 '답답하다', '시원하다' 내지는 '따뜻하다', '차갑다' 정도의 거친 감각만이 느껴지는 사람은 몸이 굳어 있는 것이다. 그래서 몸의 감각이 잘 느껴지지 않는 것이다.

그렇지 않은가! 우리가 발표를 앞두고 있는데 갑자기 손을 좀 베었다고 하자. 손을 베이기는 했지만 발표를 할 때는 우리 몸이 긴장하고 있기 때문에 손의 통증을 잘 느끼지 못한다. 하지만 발표가 끝나고 긴장이 풀리면 어떤가? 긴장이 풀리고 몸이 이완되었기 때문에 아까 전에 벤 손의 통증이 다시 느껴질 것이다.

우리의 몸은 발표를 앞두고 있을 때에만 긴장을 해서 굳어있는 것이 아니다. 우리는 '스트레스로 가득 찬 시대'에 살고 있으며 그로 인해 몸이 긴장하기 때문에, 대부분의 시간 동안 우리의 몸은 굳어져 있다고 할 수 있다. 이것이 바로 우리가 몸의 언어인 감각을 제대로 느끼기 어려워하는 이유다.

반면에 몸이 이완되었을 때는 긴장이 풀린 상태로서 우리는 몸의 감각이 잘 느껴지기 때문에 몸이 하는 말을 잘 알아들을 수 있는데, 이것은 마치 여러 가지 통증으로 시달리는 사람이 낮보다 편히 쉬고 있는 한밤중에 더 고통이 심하다고 호소하는 것과 같다.

이 말은 여러 가지 스트레스나 활동으로 긴장되어 있는 낮보다는 긴장이 풀린 밤에 몸의 감각들이 더 잘 느껴진다는 것이다.

이처럼 우리가 몸의 소리를 듣기 위해 몸의 언어인 감각을 잘 느끼려면 몸을 이완시켜야 한다. '이완'이란 무엇인가?

우리는 '이완' 하면 으레 '긴장'이라는 단어를 떠올리는 경향이 있는데, 개인에 따라 긴장을 느끼는 정도와 상황이 다를 뿐이지 사실 우리 모두는 대부분의 시간을 알게 모르게 긴장 속에서 보내고 있다. 예컨대 스트레스를 받으면 우리는 억지로 감정을 억제한 채 울지 않으려고 이를 악물고 얼굴과 턱을 긴장시키기도 하고 또 어깨를 긴장시켜 화를 참기도 한다.

그렇기 때문에 우리의 몸을 이완시킨다는 것은 결국 스트레스로 인한 긴장에서 벗어난다는 것인데, 몸의 이완은 움켜쥐었던 주먹을 펴듯이 자연의 흐름인 중력의 작용에 나의 온몸을 맡기는 것이다.

따라서 이 세상의 창조주인 하나님께 나의 모든 짐을 내려놓고 하나님의 품에 안길 때, 우리는 최고의 이완 상태를 경험할 수 있다.

한 가지 기억할 것은, 우리가 이완에 대해 그릇된 이해를 하고 있다는 것이다. 우리는 흔히 휴식 또는 이완에 대해 너무 쉽게 생각하는 경향이 있는 것 같다. 잠을 충분히 자거나 편안한 소파에 기대어 텔레비전을 볼 때 그것을 이완이라고 생각하는 경향이 있는데, 이것은 진정한 이완이 아니다.

왜냐하면 텔레비전을 본다는 것은 텔레비전에 빠져서 '지금-여기' 라는 현재성을 벗어나기 때문이다. 텔레비전에 빠지면 내 몸에 대한 자각을 놓치게 되는데, 이것은 진정한 이완이 아니다.

우리가 긴장을 하면 힘이 들어가기 때문에 근육이 수축해서 어깨와 뒷목이 뻐근하기도 하고 이를 악물거나 팔다리에 힘이 들어가기도 하는데, 이것은 무의식적으로 일어난다. 즉 몸에 대한 자각이 없는 상태다.

반면에 '우리의 몸은 주의만 주어도 이완된다' 는 말이 있는데, 이 말은 '지금-여기' 에서의 내 몸을 자각한다는 말이다. 즉 진정한 이완에는 현재 내 몸의 감각을 느끼고 알아차리는 것이 포함된다.

'내가 지금 이를 악물어서 턱 주위를 긴장시키고 있다는 것' 을 느끼고 알아차릴 때 비로소 턱 주위의 긴장이 풀리게 되듯이, 진정한 이완에는 자각하는 것, 즉 온전히 깨어 있어 내 몸의 감각을 알아차리는 상태가 포함된다. 그렇기 때문에 내 몸의 감각을 알아차릴 때 몸이 이완됨과 동시에 우리는 현재에 깨어 있게 된다.

따라서 반신욕을 할 때도 물에 몸을 담그고 그저 멍하니 있는 것보다, 물에 자신의 몸을 담그고 있다는 자각을 하면서 반신욕을 한다면 우리의 몸은 더 효과적으로 이완될 것이다. 자각할수록 몸의 이완은 더 깊어진다. 결국 자각은 이완의 전제 조건이 된다고 할 수 있다.

지금까지 살펴본 것처럼 이완이란 긴장에서 벗어난 상태로서, 몸의 감각이 잘 느껴지는, 즉 자신의 몸에 대한 자각을 하고 있는 상태를 말한다. 그리고 몸에 대한 자각을 하고 있다는 것은 나의 마음이 특정 생각 속에 빠져 있지 않고 온전히 현재에 깨어 있다는 말이다.

현재에 깨어 있는 훈련은 우리의 기도 생활에 꼭 필요하다. 왜냐하면 현재에 깨어 있다는 것은 내가 지금-여기에 있음을 자각하는 것이고, 그렇기 때문에 현재에 깨어 있을 때 비로소 우리는 지금-여기에 '현존' 하시는 하나님과 만나 그분의 음성에 귀 기울이고 또 교제할 수 있기 때문이다(너희 몸은 너희가 하나님께로부터 받은바 너희 가운데 계신 성령의 전인 줄을 알지 못하느냐, 고전 6:19).

✳ ✱✱ ✳ 몸의 감각을 잘 느끼려면 현재에 깨어 있어야 한다

헨리 데이비드 소로우(Henry David Thoreau)

깨어 있는 마음 없이
무작정 숲 속을 거니는 일은 별 의미가 없다.
몸으로는 숲 속을 거닐면서도
마음은 잡다한 세간사에 얽매여 있는
자신을 볼 때마다 경종을 울린다.
그래서 오후에 산책할 때는
오전에 있었던 자질구레한 일들을 모두 떨쳐버리고
그냥 깨어 있는 마음으로 걷자 하고 다짐해 보지만

생각처럼 그리 쉽지 않다.
어느새 일에 대한 생각이 머리를 점령하고
몸은 숲 속에 있지만 마음은 복잡한 일터에 가 있다.
숲 속에 있으면서 숲 밖의 일에 골몰하려면
무엇 때문에 이 숲 속을 거닐고 있는지
도무지 모르겠다.

우리는 과거를 살 수도, 미래를 살 수도 없다. 살아 있는 한 우리는 오직 현재만을 살 수 있다. 예컨대 당신이 과거의 일을 생각하고 있다고 과거로 돌아갈 수는 없다. 그것은 단지 과거의 기억일 뿐이다. 따라서 살아 있다는 것은 현재에 깨어 있다는 것, 즉 현재를 살아간다는 말이다.

살아 있다는 것은 곧 현재에 깨어 있다는 것이고, 현재에 깨어 있을 때 우리는 살아 있음을 느낌으로 감사하지 않을 수 없고 또 행복함을 느끼지 않을 수 없다. 이처럼 인간은 본래부터 돈을 벌고 명예를 얻어 행복해지는 것이 아니라 존재 그 자체로, 즉 현재에 깨어 현재를 살아감으로써 행복을 느끼도록 그렇게 창조된 것이다.

> 살아 있다는 것은 곧 현재에 깨어 있다는 것이고, 현재에 깨어 있을 때 우리는 살아 있음을 느낌으로 감사하지 않을 수 없고 또 행복함을 느끼지 않을 수 없다.

하지만 우리는 어린 시절부터 현재에 깨어있는 삶을 살도록 교육받지 않았다. 현재에 깨어있음의 중요성을 놓쳐 버린 것이다. 예를 들어 아이가 이번 중간고사에서 80점을 받아왔다면 우리는 어떻게 말을 할까? "잘했어, 우리 아들. 너는 지금 이대로 충분히 좋아. 지금처럼 즐겁게 공부하자"라고 말하기보다는 "잘했는데…너의 꿈을 이루기 위해서는 지금보다 좀더 잘해야 되겠지. 앞으로 더 노력해서 더 나은 점수를 받도록 하자"라고 말하는 경우가 대부분이다.

이런 식으로 우리는 현재를 있는 그대로 인정하고 즐기기보다는 자신이 세운 미래의 목표를 향해 달려가도록 교육을 받아 왔다. 그래서 우리는 현재를, 과정 그 자체를 즐길 줄 모른다. 하지만 과거도 미래도 아닌 오직 현재를 살 때 우리는 비로소 행복한 삶을 누릴 수 있다. 왜냐하면 지금 여러분이 어느 장소에 있든, 아니면 어떤 사람과 있든지 간에 현재만을 생각한다면 특별히 문제가 되거나 걱정할 것이 없기 때문이다.

가령 여러분이 현재 가족과 함께 저녁 식사를 하고 있다고 가정해 보자. 저녁 식사를 하면서 현재에 깨어 있다면, 즉 식구들과 저녁 식사를 하는 것에만 주의를 둔다면 문제될 것이 하나도 없다. 서로 함께 한다는 그 자체로 기쁠 것이다. 그렇기 때문에 가족들과 화기애애한 분위기 속에서 식사를 잘할 수 있을 것이다.

하지만 대다수는 어떤가.

저녁 식사를 하면서도 '내일 아침에는 무슨 반찬을 준비해야 하나?' 혹은 다음 달에 필요한 학원비며 경조사비를 걱정하는 대화를 나누기 때문에 현재의 식사 시간을 온전히 즐기지 못하는 것이다.

현재를 살 때 우리는 삶을 온전히 즐길 수 있다. 현재를 살지 못하고 대부분의 시간 동안 우리의 생각이 과거나 미래에 가 있기 때문에, 다시 말해 대부분의 시간 동안 과거의 일을 생각하며 회한에 잠기거나 혹은 미래의 일들을 생각하며 걱정 근심을 하기 때문에, 실제로 우리가 삶을 온전히 즐기지도 못하고 또 행복을 느끼지도 못하는 것이다.

마찬가지로 인간관계 속에서도 우리는 현재를 살지 못한다. 인간관계 속에서 우리는 상대방에 대한 특정 이미지를 갖고 대하기 때문에 쌍방이 지금 여기에 있는 그대로의 모습으로 만나기가 쉽지 않다.

다시 말해, 서로가 지금 여기에 있는 그대로의 모습으로 만나기보다는 과거의 경험에 의해 만들어진 상대방에 대한 특정 이미지끼리 만나는 것이기 때문에 친밀감을 경험할 수도 없고, 또 현재가 주는 기쁨을 누릴 수도 없는 것이다.

어떤 사람이 과거에 운동을 싫어했다고 해서 현재도 운동을 싫어하라는 법은 없다. 하지만 우리는 그 사람에 대해 과거에 갖게 된 한 장의 사진으로 그 사람 자체를 판단해 버리는 경향이 있어서, 그 사람은 운동을 싫어할 것이라고 생각을 하니까 그 사람과 함께 운동을 하면서도 운동을 하고 있는 현재를 기쁘게 누리지 못하는 것이다.

결국 모든 이미지나 선입견을 토대로 어떤 사람을 판단하지 않고 현재를 살 때, 즉 지금 여기 있는 그대로의 모습으로 서로 경험할 때, 비로소 우리는 진정 행복할 수 있다.

그렇다면 우리 각자의 모습은 어떤가?

우리 각자는 참으로 현재에 깨어 있는 삶을 살고 있는가?

각종 편리한 기구들과 바쁜 현대 생활 속에서 살아가는 우리에게는 현재를 살아간다는 것, 즉 현재에 깨어 있기가 쉽지 않다. 길을 걸을 때도 MP3를 듣거나 핸드폰 문자를 하기 때문에 현재에 깨어 자신의 몸의 감각을 알아차리는 것이 생각처럼 그렇게 쉽지는 않다.

현재에 깨어 있는 것이 쉽지는 않지만, 현재에 깨어 있을 때 우리는 나 자신이 지금-여기에 있음을 자각할 뿐만 아니라 내 몸의 감각을 잘 느낄 수 있다. 즉 몸의 언어인 감각과 잘 소통할 수가 있는 것이다.

우리의 식사 시간을 한 번 떠올려 보자. 대다수는 밥이나 반찬을 씹을 때 감각을 느끼면서 먹기보다는 텔레비전을 보거나 라디오를 들으면서 먹을 때가 많다. 그러다 보니까 몸은 '배가 부르다. 이제 그만 먹어야겠다'라고 말을 하지만, 우리는 현재를 떠나 텔레비전에 빠져 있기 때문에 몸이 하는 말을 듣지 못하고 몸이 원하는 것보다 훨씬 더 많이 먹게 된다. 그렇기 때문에 먹고 나서 늘 후회하는 것이다.

이처럼 우리가 현재에 깨어 의식이 몸에 머물면 자기 관리 또한 용이해진다. 그렇지 않겠는가. 현재에 깨어서 몸이 하는 말을 들으면 과식을 하지 않을 것이다. 또 몸이 피곤하다고 말하면 휴식을 취하게 되고, 그러면 몸이 과로로 쓰러질 이유도 없다.

이런 사례가 있다. 어느 회사 사장님이 과로로 쓰러지셔서 병원으로 실려 갔다. 여러 가지 응급조치를 취한 후, 의사는 다음과 같은 처방을 내렸다. "사장님, 이제 머리 염색을 하지 마십시오. 그리고 매일 거울을 보며 현재 자신의 흰머리를 자각하십시오."

이 말은 무슨 의미일까?

이 말은 바로 현재에 깨어 있으라는 말이다. 머리 염색을 한 60대 할아버지가 자신을 30~40대로 착각하고 젊은이와 같은 열정으로 일하면 쓰러지는 것은 극히 당연한 일이다. 자신의 흰머리를 보며 현재에 깨어 있을 때, 우리는 무리하지 않고 건강하게 살 수 있다.

그렇다면 어떻게 해야 현재에 깨어 있는 삶을 살 수 있을까?

바로 우리 몸의 자각 능력을 회복하는 것이다. 즉 자신의 호흡을 바라보거나 아니면 몸의 감각을 느끼는 훈련을 하는 것이다. 가장 손쉽게 그리고 잘할 수 있는 방법은 자신의 '호흡'을 바라보는 것이다.

몸과 마음을 연결시켜 주는 호흡에 주의를 둔다면, 우리의 마음이 어디에 가 있든 즉각적으로 우리의 마음을 지금 이곳으로 데려와 현재에 깨어 있게 해준다.

왜냐하면 현재를 떠나면 호흡을 원활히 할 수 없고, 호흡을 멈추면 현재와 접촉할 수가 없기 때문이다. 반대로 호흡을 온전히 하고 있으면 현재와 접촉할 수 있고, 현재에 제대로 깨어 있으면 호흡이 온전해지기 때문이다.[45]

그러면 잠시 동안 앉아서 호흡을 한 번 깊이 해보자.

*숨을 들이쉴 때 그 숨이 아랫배까지 깊이 내려가
아랫배가 부드럽게 부풀어 오르는 것을 느껴 보라.
이번에는 숨을 내쉴 때 공기가 아랫배로부터
코를 통해 바깥으로 나가는 것을 느껴 보라.
처음에는 한 손을 아랫배 위에 얹어 놓고 하면*

아랫배가 부풀어 오르고 또 줄어드는 것이
한결 잘 느껴질 것이다.
이런 식으로 계속해서 들이마시고 내쉬는 호흡을 하면서
내쉴 때마다 '하나, 둘, 셋' 하고 센다.
'셋' 까지를 한 세트로 하고, 셋까지 센 다음에는 또다시
'하나에서 셋' 까지 센다.

이런 식으로 호흡을 계속 하다 보면 현재에 깨어 있게 될 뿐만 아니라 숨이 스스로 바뀌게 되는데, 특히 호흡을 하면서 다른 생각으로 빠져들지 않고 호흡에만 주의를 두면 숨은 자동적으로 느려지고 또 깊어진다. 그리고 그 결과가 바로 몸으로 나타나 긴장이 풀어지고 몸이 편안하게 이완되었음을 느낄 수 있는 것이다.

예컨대 여러분이 지금 몹시 화가 나거나 노심초사하고 있다면, 심장 박동수가 빨라지고 몸은 긴장해서 굳어져 간다. 하지만 그런 감정을 억누르려고 하기보다는 잠깐 동안 시간을 내어 호흡에 주의를 두고 자신의 호흡을 바라본다면, 잠시 후 모든 것이 변해 있음을 발견하게 될 것이다.

다시 말해, 자신의 호흡에 주의를 두면 마음이 안정되면서 호흡도 차분해진다. 그리고 호흡이 이렇게 차분해지면 격한 감정으로 긴장했던 몸도 덩달아 이완된다. 이것은 호흡을 하는 동안 화가 난 감정 에너지가 빠져나갔기 때문이다.

요약하면, 우리가 살아 있다는 것은 현재에 깨어 있다는 말이고, 현재에 깨어 있다는 것은 몸의 감각을 잘 알아차린다는 말이다. 그리고 몸

의 감각을 잘 알아차릴 때 비로소 우리의 몸은 이완된다. 결국 내 몸의 감각에 귀 기울이기 위해서는 현재에 깨어 있어야 하기 때문에, 나 자신에게 관심을 갖고 나를 돌보는 것은 현재에 깨어있는 것에서 시작된다고 할 수 있다.

현재에 깨어있는 것은 나 자신에게 관심을 갖고 나를 돌보는 것을 넘어 우리의 신앙생활에 있어서도 매우 중요하다. 왜냐하면 현재에 깨어 있을 때 우리는 현존하시는 하나님과 인격적인 교제를 할 수 있기 때문이다.

평소 우리는 현존하시는 하나님과 인격적인 교제를 나누기보다는 저 멀리 하늘에 계시는 하나님으로 착각하며 인격적인 하나님을 잊고 신앙생활을 할 때가 많은데, 그것은 우리가 '나 자신이 지금-여기에 있다는 의식', 즉 현재에 깨어있는 훈련이 되어 있지 않기 때문이다. 즉 '나 자신이 지금-여기에 있다는 의식'이 있을 때 비로소 '지금-여기 계시는 하나님을 만나 그분과 교제할 수 있다.

그리고 현재에 깨어 있기 위해서는 자신의 호흡을 바라보는 훈련이 필요한데, 이것은 한두 번 해서 되는 것이 아니다. 풀숲에 길을 내듯이 수없는 반복이 필요하다.

한 가지 기억해야 할 것은, 자신의 호흡을 바라보는 훈련을 할 때 이따금씩 다른 생각으로 빠져들 때가 있다는 것이다. 밖에서 빗소리가 들리면 '아이가 오늘 학교에 우산을 가지고 가지 않았는데 어쩌지?' 하고 생각할지도 모른다. 혹은 '오늘 말일인데…세금을 내지 않았네' 와 같은 생각들이 갑자기 떠오를 수도 있다. 이렇게 생각 속으로 빠져 들었다는 것을 알아차릴 때는 다시 호흡으로 돌아와 자신의 호흡을 바라보면 된다. 그러면 숨은 다시 자동적으로 느려지고 또 깊어진다. 그리고 우리 몸은 비로소 긴장에서 벗어나 이완된다.

이처럼 우리는 '호흡 바라보기'를 통해서도 우리의 몸과 마음을 이완시켜서 하나님과 만나는 시간을 준비할 수 있다.

✽ ✽✽ ✽ 현재에 깨어 감각에 주의를 두면 몸이 이완되면서 마음도 풀린다

앞에서 살펴본 것처럼 현재에 깨어 있어서 자신의 호흡을 바라보거나 몸의 각 부분에 의식을 두면, 그 순간 우리의 몸은 긴장에서 벗어나 이완된다. 즉 호흡 바라보기나 몸에 대한 자각을 통해 몸에서 긴장을 빼내기 때문에 몸이 이완되는데, 특히 들숨보다 날숨에 우리 몸은 더 이완된다고 한다.

몸이 이완될수록 몸의 감각은 다시 살아난다. 예를 들어 자신의 호흡 바라보기를 할 때 처음에는 숨이 들어가고 나가는 것만 느껴지지만, 점차 몸이 더욱 이완될수록 몸의 감각이 더 살아나 어깨, 팔, 다리에서 느껴지는 감각뿐만 아니라 숨을 들이쉬고 내쉴 때 코털이 움직이는 것까지도 느낄 수 있게 된다.

특별히 몸의 감각을 깨우는 훈련법으로 바디 스캔(body scan)이라는 것이 있는데, 이것은 각각의 신체 부위 즉 머리에서 발끝까지 감각을 순차적으로 느끼며 몸의 어느 부위에 어떤 감각이 있는지를 알아차리고, 더 나아가 그 감각이 마음의 어떤 감정과 연결되어 있는지를 살펴보게 해준다. 즉 우리는 몸의 감각을 통해 마음에서 느껴지는 감정까지도 알아챌 수가 있다.

바디 스캔을 할 때 처음에는 발가락이나 그 밖의 다른 신체 부위에서 어떠한 감각도 느낄 수 없다는 사람들이 많이 있는데, 얼마 동안 규칙적으로 연습을 하다 보면 자신의 몸이 계속 변화하고 또 몸에서 오는 감각도 변하고 있음을 알게 될 것이다.

다시 말해, 지금까지 느끼지도 생각하지도 못했던 신체의 여러 부분에 대한 감각을 더 잘 느끼게 될 것이다. 왜냐하면 현재에 깨어 신체의 각 부분에 주의를 둠으로써 생각의 고리들이 끊어져 몸이 더 잘 이완되기 때문이다.

이런 식으로 몸이 이완되면서 몸의 감각이 살아나면, 몸의 감각이 살아남과 동시에 몸의 여러 부분에 깃들어 있던 마음의 흔적인 억눌려 있던 감정들이 떠오르게 된다. 마치 특정 장소에서 누군가가 자신의 어깨를 툭툭 쳤을 뿐인데, 그때 어깨에서 느껴지는 감각과 더불어 어린 시절 오래된

> 몸이 이완되면서 몸의 감각이 살아나면, 몸의 감각이 살아남과 동시에 몸의 여러 부분에 깃들어 있던 마음의 흔적인 억눌려 있던 감정들이 떠오르게 된다.

미움의 감정이 올라오는 것을 경험하는 것처럼….

좀더 구체적으로 예를 들면, 어떤 사람은 과거에 직장 상사와의 불편한 관계 때문에 그 사람을 볼 때마다 화를 참느라고 어깨를 긴장시키곤 했는데, 바디 스캔을 하거나 이 사람의 뭉친 어깨 근육을 풀어주면 어깨의 긴장이 풀려 몸이 이완됨과 동시에 심리적인 방어를 위한 무장(갑옷)이 해제되면서, 과거에 직장 상사와 불편했던 감정이 함께 떠오를 수 있다는 말이다.

이 말은 곧 우리의 몸과 마음은 연결되어 있어서 마음의 상태가 몸을 통해 드러난다는 말과 같다. 우리의 반복되고 억눌린 감정은 습관화된 근육 패턴을 만들어 낸다.

예컨대, 아버지 앞에서 혼이 날 때마다 어깨를 움츠리는 사람이 있다고 치자. 이 사람은 아버지에게 혼이 날 때마다 어깨를 긴장시켜서 긴장하지 않았을 때조차도 어깨 근육을 굳어지게 만들었다.

그렇기 때문에 우리는 역으로 갑옷처럼 굳어 있는 어깨 근육의 긴장을 풀어주어 억눌린 감정을 해소시킬 수 있다. 즉 자신의 마음 상태를 신체로도 접촉할 수 있는 것이다.

그렇기 때문에 좀 우울하게 느껴진다든지, 혹은 마음 상한 일이 있을 때 운동을 하거나 아니면 야외로 나가서 신체 활동을 하면 기분 전환이 되어 마음이 상쾌해질 수 있다. 왜냐하면 이것은 운동이나 신체 활동을 통해 긴장의 형태로 근육 속에 들어 있는 부정적인 감정의 에너지들을 털어냈기 때문이다.

이런 사례가 있다. 어떤 50대 여성은 이완 훈련을 통해 자신의 몸이 이완되면서 가슴이 아프다고 했다. 그러면서 "저는 가슴이 커서 항상 가슴을 구박했어요. 가슴 때문에 블라우스보다는 항상 니트 종류의 옷을 입어야 했어요. 그리고 중고등학교 때 체육 시간이면 항상 운동장을 몇 바퀴씩 돌아야 했는데, 남들이 내 가슴을 볼까 봐 어깨와 가슴을 움츠렸어요"라는 고백을 했다.

이 여성의 경우도 몸의 이완과 더불어 긴장의 형태로 근육 속에 들어 있던 감정 에너지가 풀려나면서 그 감정과 연관된 사건이 머릿속에 떠올랐던 것이다.

또 다른 40대의 여성은 어느 날 남편은 출근을 하고 아이들은 학교 가고 혼자 기도를 하면서 주님 품에 안겨서 쉬고 있었다고 한다. 물론 몸과 마음이 이완되어 아주 평온한 상태였다. 이때 몸의 이완과 더불어 가슴 혹은 다른 신체 부위의 감각이 살아나면서 갑자기 수년 내지 수십 년 동안 잊고 있었던 기억들이 떠올랐다. 물론 억울함, 분노, 슬픔 등의 감정과 더불어….

감각은 언제나 그 감각과 연관된 감정을 불러일으킨다. 그렇기 때문에 감각 없이 어떤 감정을 경험하는 것은 쉽지 않은 일이다.

몇몇 사례에서 보았듯이, 몸과 마음이 이완되어 몸의 감각이 살아나면 새로운 경험, 즉 그 동안 표현하지 못하고 참고 억눌러 왔던 감정들이 내 몸 안에서 갖가지 통증이나 답답함, 혹은 목이 뻣뻣해지는 것 등으로 자신을 표현하는 것을 경험하게 된다. 그런데 몸이 이완되지 않았을 때는 근육의 긴장으로 몸이 굳어져 있어서 몸의 소리(가슴이 답답함, 목이 뻣뻣해지는 것 등)를 들을 수 없었을 뿐이다.

그리고 다시 살아난 몸의 감각과 더불어 그와 연관된 감정들을 경험하면서 실컷 운다든지, 아니면 그 감정의 제공자였던 자신의 엄마에게 늦었지만 그동안 쌓였던 감정들을 이야기한다든지, 혹 그것도 여의치 않으면 친구나 신뢰할 만한 주변 사람들에게 털어놓을 때, 우리는 부정적인 감정들이 빠져나가면서 마음이 정화되어 편안해지는 것을 느낄 수 있다.

필자는 다음과 같은 경험들을 종종 한다. 오랜 세월 동안 사귀어 온 친구들이 요즘은 자신의 과거에 대한 이야기, 이를테면 자신이 왜 동생에게 평생 빚진 마음으로 살아야 하는지, 오빠를 위해 자신은 대학진학까지 포기했음에도 그 마음을 몰라주는 오빠가 밉다든지, 자신의 아버지가 엄마에게 어떠어떠하게 대했으며 그래서 자신은 지금까지 남자에 대한 불신과 두려움이 있다는 등등의 속내를 털어놓는 이야기들을 많이 한다.

이것은 앞에서 살펴본 것처럼 감정은 에너지로서 숨기거나 억누른다고 해서 없어지는 것이 아니기 때문에 아주 오래전 일이라 할지라도 억눌려 있던 감정을 누군가에게 말할 수밖에 없어서 필자에게 말했을 수도 있다.

하지만 한편으로는 이제 나이가 들면서 생기는 느긋함과 더불어 사회경제적으로도 안정되고 또 자녀들도 어느 정도 자라자 자신을 돌아볼 여유가 생겼기 때문이라고도 할 수 있다. 다시 말해 몸과 마음이 이완되었기 때문이라고나 할까….

한마디로 몸과 마음이 이완되어 편안해지니까 자신을 객관화시켜 바라볼 수 있는 힘이 생긴 것이다.

이것은 마치 우리가 화가 나고 짜증이 날 때는 아이들에게 대하는 나의 태도가 꼬여 있어서 객관적으로 나를 바라볼 수 없지만, 우리가 기분 좋고 편안한 상태일 때는 내 감정에 휩싸이지 않고 아이들의 감정 상태를 고려하여 아이들을 대할 수 있는 것과 같은 이치다.

이런 과정을 경험하는 것은 참으로 우리에게 유익이 된다. 왜냐하면 이것은 자신의 상처를 치유하는 과정으로서 자신을 정화시켜 성숙으로 나아가는 과정이기 때문이다. 물론 한두 번의 과정으로 정화 과정이 모두 끝나지는 않는다.

왜냐하면 우리는 지금까지 수만 가지의 경험을 하면서 현재의 내가 되었을 뿐만 아니라 마음속에 억눌러온 감정들도 한두 가지가 아니기 때문이다. 따라서 마치 빗자루로 마당을 쓸고 또 쓸고 해도 땅속에 박혀 있는 돌멩이가 계속 드러나듯이, 그렇게 우리의 정화 작업은 계속되어야 한다.

그렇게 될 때 비로소 우리의 몸과 마음이 두루 건강해질 수 있다.

이런 정화 과정이 없을 때 나타나는 것이 바로 '화병'과 같은 것이다. 주로 여성들에게서 많이 나타나는 화병은 억울하고 또 화가 나지만 그 감정을 표현하지 못하고 억눌러놔서 생기는, 즉 심리적 문제가 신체적 증상으로 나타나는 병이라고 할 수 있다.

주요 증상으로는 분노감, 우울감, 불면증, 가슴이 답답함, 피로감을 비롯하여 소화 불량, 식욕 부진, 호흡 곤란, 두통, 신체의 여러 부위에서 나타나는 통증 등의 신체화 증상으로 이루어져 있다. 따라서 우리는 신체적 증상들을 호소할지라도 심리적 요인이 원인일 수 있음을 자각하고, 상대방의 감정에 귀 기울이고 공감해 주는 태도를 가져야겠다.

이와 같이 몸의 감각을 통해 드러나는 감정들이 정화되면 나와 하나님의 관계도 꼬임이 없이 건강해진다. 왜냐하면 기독교 심리학자들에 의하면 어린 시절 육신의 아버지에 대한 경험이 하나님에 대한 이미지 형성과 하나님과의 관계에 바탕이 된다고 하는데, 육신의 부모도 자신의 부모에게 상처를 받은 존재라 자식인 우리에게 상처를 줄 수밖에 없었기 때문이다. 따라서 우리가 그동안 상처받고 쌓인 감정의 응어리들을 정화시켜 주어야 육신의 부모에게서 받은 상처들을 하나님에게 떠넘기지 않게 된다.

지금까지 우리는 몸이 이완되면 감각이 살아나고 감각이 살아남과 동시에 그 감각과 관련하여 억눌려 있던 감정이 떠오른다고 했는데, 이때 꼭 부정적인 감정만 떠오르는 것은 아니다.

우리가 남편과 싸운 후에 누군가에게 남편에 대해 흉을 한참 동안 보다가도 그 부정적인 감정들을 다 쏟아 놓은 후에는 남편의 장점이나 남편에 대한 긍정적인 감정들이 떠오르는 것처럼, 몸속에 저장되어 있던 부정적이 감정들이 어느 정도 정화되고 나면 긍정적인 감정들이 떠오르기도 한다. 그리고 이 긍정적인 감정들은 나에게 새로운 활력소로 작용한다.

한 가지 더 기억할 것은, 호흡 수련 등을 통해 몸을 이완시키는 훈련을 하다 보면 우리 몸의 감각에 대한 자각력이 증대되어 평상시 몸으로 표현되는 마음 상태에 대해 더 잘 느낄 뿐만 아니라 몸이 보내는 사인(sign)의 의미를 더욱 명료하게 알아차릴 수 있게 된다.

다시 말해, 막연하게 '나는 마음이 안 좋아서 몸이 아픈 거야'가 아니라, '남편이 내 마음을 잘 몰라줘서 내 가슴이 이렇게 답답한 거야'처럼, 몸으로 표현되는 마음 상태에 대해 좀더 구체적으로 성찰할 수 있게 된다.

뿐만 아니라 직장 동료와 밥을 먹는데 왠지 밥이 잘 넘어가지 않고 목에서 걸리는 느낌이 들었다든지, 아니면 자신의 핸드폰에 시댁 식구의 번호가 찍힌 것을 보고 어깨가 긴장해서 움츠려졌을 때, 그 사람과 뭔가 해결되지 않은 감정이 있다는 것을 알아차릴 수 있게 된다. 이와 같이 자신의 몸의 상태를 읽는 데 익숙해지면 몸과 마음 상태를 객관적으로 바라보는 힘 또한 길러진다. 그러면 자기 자신에 대해서 더욱 잘 알게 되고, 그 결과 삶 속에서 좀더 자유로움을 누릴 수 있게 될 것이다.

✲ ✳ ✲ 하나님이 주신 선물,
오감을 즐기며 행복누리기

헬렌 켈러의 소망

그토록 보고자 소망했던 일들을 우리는
날마다 일상 속에서 특별한 대가도 지불하지 않고

보고 경험합니다.

하지만
그것이 얼마나 놀라운 기적인지는 모릅니다.
아니 누구나
경험하고 사는 것처럼 잊어버리고 삽니다.
그래서 헬렌 켈러는 이렇게 말했습니다.

"내일이면 귀가 안 들릴 사람처럼
새들의 지저귐을 들어보라.
내일이면 냄새를 맡을 수 없는 사람처럼
꽃향기를 맡아보라.
내일이면 더 이상 볼 수 없는 사람처럼
세상을 보라"고!

내일이면 더 이상 할 수 없는 일임을 알게 되면
오늘 내가 할 수 있는 일들이
얼마나 소중하고 기적 같은 일인지
뒤늦게나마 깨달을 수 있을지 모르기 때문입니다. 46)

    그동안 우리는 몸을 어떤 목표를 위한 수단으로 생각해서 혹사시키는 등 몸을 경시하는 풍조와 더불어 몸의 외형적인 부분에만 초점을 맞춤으로 해서 몸의 감각 경험이 주는 즐거움을 누리지 못했다.

다시 말해, 몸을 '남에게 보여주고 또 남에게 평가받는 나 자신'이라고 생각하면서 몸의 외형을 가꾸는 데만 신경을 썼기 때문에 몸의 감각 경험이 주는 즐거움을 잊고 살아왔다.

기본적으로 육신의 몸을 입고 이 땅에서 살아가는 우리는 몸의 언어인 감각을 통하여 이 세상과 접촉하며 살고 있기 때문에, 감각은 '살아 있음'의 표시로서, '죽었다' 혹은 '생명이 없다'라는 말은 '어떠한 감각도 느낄 수 없다'는 말과 같다. 더욱이 '감각 활동'이라는 말은 '살아 있는 생명력'을 연상시키는 뉘앙스를 갖고 있다.

하나님은 감각, 특히 오감(시각, 청각, 촉각, 미각, 후각)을 우리에게 선물로 주셨다. 그래서 하루 중 어느 때든지, 어디서든지 감각 경험이 주는 즐거움을 누리며 살도록 하셨다. 하지만 대다수의 사람들은 몸의 감각을 통해 느껴지는 경험의 즐거움을 누리지 못하며 살고 있다.

내 몸의 감각이 아닌 다른 어떤 것들, 이를테면 성공, 재물, 자식 등이 인생의 기쁨을 가져다주는 것으로 착각하며 그것들을 얻기 위해 많은 중요한 것들, 특히 자기 자신이라는 존재 그 자체를 놓치고 살아갈 때가 많다. 사실 태어나서부터 나이 들어 이 세상을 떠날 때까지 남는 것은 결국 내 몸뚱이 하나뿐임에도 불구하고….

다른 것들은 차치하고 오늘날의 학교 교육만 보더라도 감각 활동의 중요성이 간과되고 있다. 혹 감각 활동이 다루어지더라도 그것은 유아기에 한하여 중요한 주제로 취급될 뿐, 그 이후에는 거의 다루어지지 않고 이성에 의한 사고 활동만이 중요시되는 경향이 있다.

이런 연유로 사람들은 성인이 되어서도 눈으로 보고, 귀로 듣고, 손끝과 피부로 느끼고, 코로 냄새 맡고, 혀로 맛을 보고 하는 것들에 감탄하며 즐기기 보다는 별일 아닌 것으로 간주해 버리게 되었다.

하지만 우리는 몸의 모든 감각(오감)을 통해 하나님의 풍성한 에너지원을 공급받을 수 있다. 이를테면 수많은 형태와 형형색색의 색깔들로 가득한 세상을 보게 하는 시각, 뭐라 표현할 수 없을 만큼 감동적인 소리의 세계로 이끌어 주는 청각, 온몸으로 느껴지는 촉감, 다양한 자연의 향기를 느끼게 하는 후각, 갖가지의 오묘한 맛을 느끼게 하는 미각이 우리가 이 세상에 태어남과 동시에 선물로 주어졌다.

그렇기 때문에 우리는 '몸의 감각 느끼기'를 통해 이 세상과 접촉해서 하나님이 주신 자연이 주는 즐거움을 누릴 수 있다.

뿐만 아니라 대부분의 시간 동안 우리는 몸을 떠나 있음으로 '지금-여기'의 삶을 누리지 못하고 있는데, '몸의 감각 느끼기'는 우리에게 '지금-여기'의 삶인 현재를 살아가도록, 현재의 삶에 감사하도록 이끈다. 나아가 내가 지금-여기에 있음을 자각함으로써 하나님의 현존 앞으로 나아갈 수 있다.

과자를 먹으며 텔레비전을 보고 있다고 가정해 보자. 우리가 의식을 몸에 두고, 즉 자각을 하면서 과자를 먹으면 조금을 먹어도 그 맛을 훨씬

> 대부분의 시간 동안 우리는 몸을 떠나 있음으로 '지금-여기'의 삶을 누리지 못하고 있는데, '몸의 감각 느끼기'는 우리에게 '지금-여기'의 삶인 현재를 살아가도록, 현재의 삶에 감사하도록 이끈다.

더 즐길 수 있다. 하지만 텔레비전에 빠져서 아무런 자각이 없이 과자를 먹는다면, 과자가 어떤 맛인지 느끼지도 못한 채 어느새 과자 한 봉지를 다 먹어버린 자신을 발견하게 될 것이다. 이처럼 '몸의 감각 느끼기'는 우리에게 현재를 살아가도록 할 뿐만 아니라 삶의 기쁨을 가져다준다.

나아가 지금-여기에 현존하시는 하나님을 자각함으로써 모든 일을 하나님께 아뢰고 의논하고 또 하나님께 내려놓고 맡기는 삶을 실천할 수 있게 된다.

이제부터는 오감을 통한 감각 경험을 많이 함으로써 몸이 주는 즐거움을 자주 느껴보자. 특별히 오감을 통해 현재에 사는 즐거움을 많이 누려보자. 그러면 우리에게 새 힘을 공급하는 에너지 충전 또한 저절로 이루어질 것이다. 오감을 통한 감각 경험이야말로 행복의 원천이다. 그리고 오감을 통한 감각 경험은 돈도 들지 않는다. 눈이 시리도록 눈부신 하늘을 천만 번 쳐다본다 한들 뭐라 할 사람이 있겠는가!

7장 내 몸의 경험은 정체감 형성의 토대가 된다

✽ ✽ ✽ 마음이 몸보다 우월하다?

태어나서 죽을 때까지 이 땅에 존재하는 한 우리는 몸으로 살아간다. 몸은 항상 우리 삶의 중심에 놓여 있다. 왜냐하면 이 땅에 존재한다는 말은 생명이 있다는 말이고, 생명은 몸과 더불어 시작되기 때문이다.

더욱이 살아가면서 내 몸이, 특히 내 발바닥이 땅에 안정되게 닿아 있는지를 감각으로 느끼는 것은 매우 중요한데, 그렇게 발바닥이 바닥에 잘 닿아 있다고 느낄 때 우리는 중력의 영향을 받는 존재로서 안정되게 느낄 뿐만 아니라 '지금 내가 여기 있구나' 하는 자각을 갖고 현재를 살아갈 수 있기 때문이다.

그리고 우리가 자신의 몸에 대해 어떠한 생각을 가지고 있든지 간에, 우리는 몸으로 이 땅에 존재하며 또 몸으로 살아가기 때문에 가장 기본이 되는 정체성('나는 누구인가?' 하는 물음에 대한 답)은 몸의 경험을 통해 형성될 수밖에 없다.

이처럼 몸의 경험, 특히 몸의 감각 경험이 중요함에도 '얼짱', '몸짱', '몸값'과 같은 단어들이 최고의 유행어로 떠오르는 요즈음 우리는 몸에 대해 잘못 이해하고 있는 듯하다. 예컨대 자신의 몸은 곧 자기 자신(몸=자기 자신)임에도, 자기 자신을 자신이 소유하고 있는 자동차 정도로 생각해서 새 모델의 자동차가 나오면 그것을 소유하고 싶어 하듯이, 그렇게 자신이 되고 싶어 하는 OO처럼 자신의 신체 부분 부분을 바꾸고 싶어 한다.

"내 눈에 쌍꺼풀이 있었으면, 내 종아리가 너무 굵은데, 나는 어깨가 너무 벌어졌어, 키가 너무 작아…"라고 불평을 늘어놓는가 하면, 어떤 사람들은 자기 몸을 학대할 정도로 다이어트에 목숨을 건다. 그리고 몸이 아플 때면 몸이 아픈 이유를 찾아보기보다는 몸 자체를 탓할 때가 많다.

하지만 우리 몸은 이처럼 남들과 비교하면서 열등감을 느끼도록 만들어진 '상품'과 같은 것이 아니다. 하나님은 우리를 만드셨을 때 우리 한 사람 한 사람을 어떤 누구와도 비교될 수 없는 독특한 '작품'으로 만드셨다.

즉 우리의 몸은 이 세상을 살면서 우리의 존재를 알려주는 하나님의 특별한 선물로서 이 세상 끝 날까지 나와 함께하는 나의 가장 친한 친구다.

> "하나님이 지으신 그 모든 것을 보시니 보시기에 심히 좋았더라"
> 창 1:3
>
> "여호와 하나님이 땅의 흙으로 사람을 지으시고 생기를 그 코에 불어넣으시니 사람이 생령이 되니라" 창 2:7

성경을 보면 하나님은 자기의 형상을 따라 우리를 '살아 있는 몸'으로 만드셨다는 것을 알 수 있다. 그래서 우리 인간은 이 땅에서 살아가는 동안 몸으로 존재할 수밖에 없는데, 하나님이 스스로 인간이 되신 성육신 사건만 보더라도 우리는 하나님이 얼마나 우리의 몸을 귀하게 여기시는지를 알 수 있다. 결국 이 몸은 하나님이 우리 각자에게 주신 최고의 선물로서 나에 대한 하나님의 사랑을 표현한 결과물이다.

하지만 우리는 어떤가? 나는 선물로 받은 이 몸을 최고의 보물로서 대접하며 살고 있는가?

이 질문에 '아니다'라고 대답을 하였다면, 왜 이렇게 되었을까?

그 이유를 찾기 위해서 우리는 플라톤으로까지 거슬러 올라가야 한다. 정신과 몸에 대한 플라톤의 이분법적 사유 방식은 근대 서구 사유의 골격이 되었을 뿐만 아니라 중세의 기독교적 세계관에, 그리고 지금까지도 여러 모양으로 우리에게 영향을 미치고 있기 때문이다.

플라톤은 정신과 몸을 서로 분리시킨 뒤, 정신은 몸보다 더 우월하다고 주장하였다. 이를테면 정신은 사고하고 판단하는 등 좀더 고차원적인 일을 감당하고, 몸은 행동하고 실천하는 등 저차원적인 일을 감당한다는 것이다. 그래서 그는 우리의 인생을, 항해를 하고 있는 배로 묘사하면서

정신을 '선장'에, 몸의 감각 기관들은 '선원'에 비유하였다.47)

플라톤의 이러한 이분법적 사고는 중세의 기독교적 세계관으로 대물림됐다. 이 시대를 대표하는 어거스틴은 플라톤의 영향을 받아 몸을 철저하게 이원론적인 입장에서 파악하고 있다. 그는 영혼을 육체로서의 몸보다 더 우위에 있는 것으로 여긴다. 즉 영혼은 몸에 영향을 미칠 수 있으나 몸은 영혼에 영향을 미칠 수 없다는 것이 어거스틴의 기본적인 생각이다.

하지만 이것은 성경적인 관점이 아니다. 고린도전서 12장 27절의 말씀("너희는 그리스도의 몸이요 지체의 각 부분이라")처럼, 신약에서 바울은 인간의 영과 육을 이원론적으로 나누어서 영은 영원하고 신적인 것이며, 육은 제한되고 인간적인 것으로 생각하지 않았다.

정신을 몸보다 우월하게 보는 이러한 관점은 오늘날 우리의 학교 교육에도 그대로 반영되었다. 국어, 수학, 사회, 과학…체육 등으로 이루어진 교과목의 배열순서는, 우리의 교육이 몸을 존중하고 가치 있게 여기도록 하기보다는 지나치게 정신을 강조하는 지식 중심의 교육임을 보여준다. 그래서 많은 학생들은 체육 시간을 주체로서의 몸을 살리는 시간으로 여기기보다는 대충 때우며 놀아도 되는 시간으로 생각하는 것 같다.

> 몸과 정신을 분리하고 몸을 하찮은 것으로 여기는 이러한 이분법적 사고방식에 길들여진 우리는 현대 사회 속에서 차원 높고도 성공적인 삶을 살아가기 위해서 몸의 욕구쯤이야 무시해도 괜찮은 것으로 받아들이게 되었다.

앞에서 살펴본 것처럼 우리의 몸과 마음은 분리될 수 없는 것임에도 '공부'를 몸과 분리되어 있는 지적인 것으로 여기고 체육 시간은 단순히 외형적인 신체 운동을 하는 시간으로 생각하기 때문에, 우리의 사고 속에는 몸보다 정신을 우월하게 보는 관점이 더더욱 굳게 자리 잡게 되었다. 더 나아가 입시 위주의 교육은 지식을 쌓는 것에만 몰두하게 해서 내 몸의 감각, 특히 오감(시각, 청각, 촉각, 미각, 후각)의 즐거움을 느껴볼 수 있는 기회를 막고 있다.

결국 몸과 정신을 분리하고 몸을 하찮은 것으로 여기는 이러한 이분법적 사고방식에 길들여진 우리는 현대 사회 속에서 차원 높고도 성공적인 삶을 살아가기 위해서 몸의 욕구쯤이야 무시해도 괜찮은 것으로 받아들이게 되었다.

✳ ✳✳ ✳ 스킨십, 존재감의 기초

아기들은 신체적 접촉(안아주고, 뽀뽀해 주고, 토닥거려 주는 것 등)을 통해 자신이 사랑받고 있음을 느낀다. 뿐만 아니라 어릴 적 신체적 접촉에 대한 기억은 자신의 몸에 그대로 아로새겨져 있어서 나중에까지 몸과 마음에 지대한 영향을 미치는데, 이와 관련된 연구 결과들을 우리는 손쉽게 접할 수 있다.

우선 아이를 키울 때 모유 수유를 강조하는 가장 큰 이유 중 하나는 접촉, 즉 스킨십 때문이다. 스킨십과 관련해 해리 할로우(Harry Harlow)의 흥미로운 실험이 있었다. 아기 원숭이에게 따뜻한 헝겊으로 싼 인형과 차갑고 딱딱한 철사로 싼 엄마 원숭이 인형을 주었다. 철사로 싼 엄마 원숭이 인형에는 젖병을 달아 놓았다. 그런데 아기 원숭이는 배가 고플 때만 철사로 싼 엄마 원숭이 인형에게 달려가 얼른 우유를 먹고, 대부분의 시간은 헝겊으로 싼 엄마 원숭이 인형과 보냈다.

이것은 부모와 아이가 상호작용하는 데는 뭔가 먹이는 것이 아니라, 스킨십을 통한 심리적인 안정을 주는 것이 더 중요하다는 것을 밝힌 실험이었다.

이뿐만이 아니다. 전쟁 중에 갑자기 부모를 잃어 고아원에서 크는 아이들은 충분히 먹여도 잘 자라지 않았다고 하는데, 그 이유는 따뜻한 접촉인 스킨십이 부족했기 때문이다. 이처럼 신체적 접촉을 통해 아기가 정상적으로 건강하게 발달해 가는 것을 볼 때, 우리는 신체적 접촉이 사람에게 얼마나 기본적인 욕구인지를 다시 한 번 확인할 수 있다.

이번에는 아주 어린 시절 스킨십이 부족한 아이가 어떤 영향을 받는지에 대해 연구한 야마구치 하지메의 연구 결과에 대해 살펴보자. 야마구찌 하지메는 '사일런트 베이비'(silent baby)에 관해 연구했다. '사일런트 베이비'란 부모와 스킨십이나 시선을 마주치는 것과 같은 커뮤니케이션이 부족하기 때문에 운다든지 화를 낸다든지 하는 감정 표현이 별로 없는, 마치 어른 같은 아기를 뜻한다.

연구는 0세에서 5세 사이의 아이를 둔 어머니 120명을 대상으로 했다. 어머니가 평소 아이와 어느 정도의 스킨십을 갖는지, 그리고 아이의 성격과 행동은 어떠한지에 대해서도 질문을 했다.

조사 결과, 어머니가 아이와 스킨십을 많이 가질수록 아이의 충동성이 낮아진다는 사실을 알 수 있었다. 그것은 '갑자기 신경질적으로 울음을 터뜨리는 일이 적고, 짜증을 내지 않으며, 차분하다'는 것으로 나타났다.

특히 어머니가 아이를 자주 안아줄수록 아이의 정서가 안정된다는 결과도 나타났다. 또한 그런 아이는 어머니와 눈 맞춤하는 횟수도 많아, '까꿍, 없다'처럼 신체를 이용한 놀이에도 잘 반응했다. 결론적으로 말해, 스킨십은 아이에게 정서적인 안정을 준다.[48]

그렇기 때문에 갓난아기가 혼자 떨어져 잔다든지, 공갈 젖꼭지를 혼자 빨며 지낸다든지 하는 것은 아이의 정서 발달에 지장을 줄 뿐만 아니라 접촉 결핍증으로 이어질 확률이 크다. 이 말은 성인이 되어서도 사람들과 잘 어울리지 못하고 우울증으로 고생할 수 있다는 것이다.

이번에는 '접촉하면 긴장하는 대학생'에 대한 하지메의 연구 결과를 하나 더 살펴보려고 한다. 우선 대학생 262명에게 설문조사를 실시했다. 유소년기에 부모와 나눈 스킨십의 양에 대한 것이었다. 그들 중 스킨십이 많았다고 대답한 학생과 적었다고 대답한 학생을 각각 10명씩 선별해 실험 대상으로 하였다. 그리고 동성의 실험자가 피험자의 팔과 어깨를 각각 만지고, 피험자에게 그때의 느낌에 관해 자세히 대답하게 했다.

유소년기에 부모와 스킨십이 많았다고 대답한 학생들은 실험자가 터치를 했을 때 격려를 받는 것처럼 긍정적으로 느꼈던 반면에, 스킨십을 적게 받았다고 대답한 학생들은 매우 긴장을 하는 등 부정적인 반응을 보였다.

> 어려서부터 부모의 애정 어린 스킨십을 많이 받은 아이들은 심신이 안정되게 성장한다.

이 연구 결과에서도 사람들과 친밀한 관계를 쌓고 사회적인 유대를 형성하기 위해서는 유소년기에 양육자와 충분한 스킨십이 필요하다는 것을 말해 준다.[49]

포유류의 새끼도 어미가 몸을 핥아주면 혈액과 맥박이 내려가고 소화액과 성장 호르몬의 분비가 촉진된다고 한다. 이처럼 스킨십을 하면 몸과 마음이 이완되고 평온이 찾아온다. 그렇기 때문에 어려서부터 부모의 애정 어린 스킨십을 많이 받은 아이들은 심신이 안정되게 성장하는 것이다. 따라서 아무리 먹을 것이 풍족해도 애정 어린 스킨십이 없다면 건강한 성장을 기대하기가 어려울 것이다.

이런 연구 결과와 더불어 하지메는 유소년기에 오감이 정상적으로 자극을 받지 못하면, 성장한 후에는 그 충족되지 못한 자극을 채우기 위해 유별난 행동을 할 경향이 크다고 말한다.

이를테면, 어려서 피부 감각이 충분히 자극을 받지 못하면 피부의 '감각 결핍 상태'에 빠지고, 어른이 되고 나서는 그 감각 결핍을 매우기 위해 감각을 자극하는 행동에 매달리게 된다는 것이다. 그래서 몸의 곳곳에 피어싱이나 문신을 하고, 심하게는 손목을 자해하는 등 자신의 몸에 상처를 내어 감각을 불러일으키는 행위를 하는 경우가 많다고 한다. 한마디로 말해 어렸을 때 스킨십을 못 받으면 존재감의 기초가 허술할 수밖에 없다.[50] 지금까지 살펴본 것처럼 인간이 성장해 감에 있어서 스킨십은 절대적으로 필요한 것인데, 이러한 스킨십은 아기나 아이들에게만 해당되는 것이 아니다.

예컨대 요즈음 마사지나 약손, 그리고 경락과 같이 만져서 어깨 결림이나 허리 통증을 치료할 뿐만 아니라 몸과 마음에 쌓인 피로를 풀어주는 바디워크(Bodyworks, 바디워크는 단순히 신체 접촉에서부터 다양한 기법을 요하는 마사지나 수기 조작들을 모두 포함하며, 정신적 신체적 쾌유에 그 치료 목적이 있다)숍들이 성행하고 있다.

이런 숍을 운영하고 있는 사람들은 "손님들이 처음에는 어색해하며 긴장하기도 하지만 마사지나 약손을 받고 나면 개인적인 이야기를 하면서 그동안 쌓였던 감정들이 마구 터져 나오는 것을 자주 경험한다"고 말한다.

더욱이 이들은 손님들의 몸을 만지다 보면 근육이 뭉쳐 있다든지 등이 많이 굽어 있다든지 하는 것을 알 수 있는데, 그것을 통해 손님이 살아온 삶을 이해할 수 있다고 한다. 왜냐하면 우리의 몸은 '걸어 다니는 자서전'으로, 지금까지 살아온 삶의 모든 역사를 담고 있기 때문이다.

바디워크 숍들을 운영하는 사람들이 손님들의 몸을 만지면서 느낀 또 한 가지는 사람과 사람 사이에서 대화만으로는 해결할 수 없는 그 어떤 벽도 만지는 것, 터칭(touching)을 통해서 허물 수 있다는 것이다.

이처럼 만지는 것을 통한 피부와 피부의 접촉 경험, 즉 스킨십은 양육 과정 속에서 절대적으로 필요할 뿐만 아니라 인간관계 속에서 서로의 관계를 더욱 친밀하게 해준다. 예를 들어 함께 몸으로 부대끼며 운동을 하거나 함께 찜질방 같은 곳에 가서 서로 등을 밀어주는 등, 피부와 피부가 접촉하는 경험을 하고 나면 한결 관계가 친밀해짐을 누구나 한 번쯤은 경험했을 것이다. 그렇기 때문에 요즘은 접촉을 하나의 치료법으로 사용하기 시작해 전 세계적으로 확산하고 있다.

✲ ✲✲ ✲ 몸과 자아 정체성

우리는 비슷한 외모 덕분에 서로 역할을 바꾸었던 왕자와 거지의 이야기를 잘 알고 있다. 자신을 대하는 사람들의 태도와 자신에게 주어진 환경이 달라졌지만 왕자는 변함없이 당당한 왕자였다. 왜냐하면 "내가 누구인가?" 하는 자신의 신분에 대한 이해를 외부 조건에 두지 않았기 때문이다. 하지만 거지는 왕의 궁전에서 왕의 옷과 왕의 권력을 누렸음에도 여전히 당당하지 못한 거지로 지냈다.

자아 정체성의 확립, 즉 자신이 누구인지를 제대로 아는 것은 우리가 이 땅에서 행복하게 살아가기 위한 가장 기본적인 전제 조건이라 할 수 있다. 우리가 자아 정체성에 대해 언급할 때 몸을 배제해 버리고 자아 정체성을 논할 수는 없다.

왜냐하면 우리가 살아 있다는 것은 몸으로 존재하고 있다는 것이기 때문에, "나는 누구인가?"라는 물음에 내 몸을 떼어버리고 오로지 지식과 이성만을 가지고서는 답을 할 수가 없기 때문이다.

예컨대, 누군가가 한국이 세상에서 가장 살기 좋은 곳이라고 말할지라도 내가 몸소 체험해야 그 사실을 들었을 때 믿을 수 있는 것처럼, "당신은 참으로 소중한 사람입니다"라는 말을 수천 번 들어도, 내가 소중하다는 것이 몸으로 느껴지지 않으면 나는 소중한 사람이 아닌 것이다.

요즘 젊은이들이 많이 하는 '바디 피어싱'에 대해 쓴 이런 글을 본 적이 있다. '젊은이들은 누가 요구하지 않는데도 자신의 존재를 확인하기 위해 일부러 자신의 몸에 상처를 가하는데, 그러한 행위를 통해 비로소 자신을 확인할 수 있기 때문'이라는 것이다.

즉 바디 피어싱에는 두 가지 의미가 담겨 있는데, 하나는 타인과 분명히 다른 '개성있는 사람이 되고 싶다'는 의사 표현이며, 또 다른 한 가지는 몸으로 느끼는 '고통'과 같은 직접적인 감각 경험을 통해 자신의 존재를 확인하려는 행위라는 것이다.51)

그렇다면 아직 자신의 정체성이 형성되지 않은 유아기로 돌아가 아기들은 어떤 식으로 자신이 누구인지를 알아 가는지 살펴보자.

무엇보다도 어린 아기는 엄마의 말을 알아듣지 못하기 때문에 서로 간에 주로 비언어적인 커뮤니케이션이 이루어지게 된다. 이를테면 엄마가 아기를 안아서 얼러주고 뽀뽀해 주며, 눈 맞춤을 해주고, 또 여러 가지 스킨십을 통해서 아기에게 사랑을 표현해 주면, 아기들은 이러한 사랑의 메시지들을 귀신같이 알아챈다.

뿐만 아니라 이러한 메시지들은 아기들의 몸속에 깊이 아로새겨진다. 이처럼 몸으로 사랑받는 경험을 한 아기는 자신의 몸이 귀하고 사랑받을 만하며 가치가 있다는 확신을 가지고 삶을 살아간다.

이에 한 걸음 더 나아가, 발달 심리학자 코헨(1993)은 발달 단계에 따른 몸의 경험이 어떻게 아기의 자아 정체성 형성에 영향을 미치는지에 대해 좀더 구체적으로 언급한다.52)

아기들이 태어나서 뒤집고, 팔을 올리고, 기어 다니는 것들이 방해를 받으면, 즉 운동 결함(movement deficiencies)은 기본적인 정형외과적인 문제들(orthopedic problems)을 초래할 뿐만 아니라 지각력이나 정서적 성숙, 그리고 인지적 예민함의 발달도 더불어 방해를 받는다고 한다.

결국 아동의 초기 발달 과업 중에서 움직임(뒤집고, 기어 다니고, 걷고 등등)과 관련된 것들은 성인이 되어 신체적으로, 심리적으로 잘 기능하기 위한 토대가 된다고 볼 수 있다.

이러한 몸의 경험과 관련하여 또 다른 연구인 메리 에인스워스(Mary Ainsworth) 박사의 양육에 관한 연구에 의하면, 동아프리카 우간다에서는 대다수의 어머니들이 아이를 등에 업고 다니는데, 아이들은 깨어 있는 동안에도 거의 누군가에게 안겨 있다고 한다. 또한 어머니들은 계속 아이들을 부드럽게 두들기거나 어루만지는데, 그 결과 대다수의 아이는 감각 운동적인 면에 있어서 발달속도가 훨씬 빨라진다는 것이다. 이들은 서구 사회의 보통 아이들보다 훨씬 빨리 앉고, 서며, 기고, 또 걷는다.53)

그다음 발달단계에는 결속력(bonding) 즉 어머니의 몸과 밀착(attach)되어 있다는 감각 경험이 필요한데, 이러한 결속 과정(bonding process)도 몸에 초점을 둔 몸 지향적이다. 이를테면 결속 과정은 어루만짐이나 목소리를 통해 이루어지는데, 우리가 아기의 몸과 어떻게 상호작용을 하는가—부드럽게 안아 주는가, 혹은 거칠게 다루는가—에 따라 아기는 사랑받았다고 느끼기도 하고 그렇지 못하기도 한다.

> 우리는 이처럼 몸의 경험을 통해 자신이 누구인지를, 특별히 사랑받는 존재라는 것을 알아간다. 사랑에는 신체적 접촉이 포함될 수밖에 없다.

그다음 발달단계에서 아기는 엄마를 벗어나 자기 마음대로 방 안 이곳저곳을 다니며 놀다가 한 번씩 엄마가 그 자리에 있나 확인한다. 그러고는 엄마에게 와서 안기는데, 이때 아기는 엄마의 뽀뽀나 아니면 토닥거려 주는 신체적 접촉을 통해 자신이 사랑받고 있음을 느낀다. 이런 과정을 거치면서 아기는 자신의 정체감, 즉 '나는 사랑받는 사람이로구나' 하는 정체감을 형성해 가는데 이런 발달 과업들도 육체적 상호작용이 근본 바탕이 된다.

우리는 이처럼 몸의 경험을 통해 자신이 누구인지를, 특별히 사랑받는 존재라는 것을 알아간다. 사랑에는 신체적 접촉이 포함될 수밖에 없다.

신체적 접촉은 연인 간이든, 부모 자녀 간이든, 사랑하는 사람들 사이에 자연스럽게 일어나는 동작일 뿐만 아니라 누구에게나 사랑받고 있다는 느낌을 갖게 하는 가장 강력한 수단이 된다.

이와 같이 신체적 접촉은 정체감 형성에 가장 기본적인 토대가 되는데 앞에서도 언급했듯이 정체감이란 '나는 누구인가?' 하는 물음에 대한 답으로서, 성경을 보면 우리의 정체감을 확신시켜 주는 사랑의 말씀들이 여러 곳에 나와 있다.

"너의 하나님 여호와가 너의 가운데에 계시니 그는 구원을 베푸실 전능자이시라 그가 너로 말미암아 기쁨을 이기지 못하시며 너를 잠잠히 사랑하시며 너로 말미암아 즐거이 부르며 기뻐하시리라 하리라" 습 3:17

"높음이나 깊음이나 다른 어떤 피조물이라도 우리를 우리 주 그리스도 예수 안에 있는 하나님의 사랑에서 끊을 수 없으리라" 롬 8:39

이 말씀들처럼 우리는 하나님의 사랑받는 자녀로서 하나님의 사랑을 몸소 체험해야 이 땅에서 굳건히 살아갈 수 있는데, 사랑받고 있다고 느끼기 위해서는 말로 하는 사랑 체험도 중요하지만 어린 시절 부모로부터 신체적 접촉을 통한 사랑체험이 꼭 필요하고 또 중요하다.

결국 우리의 정체감은 '너는 사랑받는 존재야' 라는 말을 들었다고 다 되어지는 것이 아니라, '나는 내 몸이 받아들여지는 그대로의 존재랍니다' 라는 글귀처럼 내 몸이 어떻게 돌보아지고 또 취급되느냐에 따라 확고히 형성된다고 볼 수 있다.

이런 이유들로 치료 전문가인 버지니아 사티어는 어른인 우리도 단지 생존하기 위해서는 적어도 하루에 네 번의 포옹이, 우리가 평범하게 살아가기 위해서는 하루에 여덟 번의 포옹이, 그리고 우리가 성장하기 위해서는 하루에 열두 번의 포옹이 필요하다고 주장한다.

✳ ✳✳ ✳ 몸의 움직임이 주는 즐거움을 느끼면 바디 이미지가 바뀐다

바디 이미지(body image)란 사람들이 자신의 몸에 대해 갖고 있는 생각으로서 자신의 외모가 자기 눈에 어떻게 보이며, 다른 사람들 눈에는 어떻게 보일 것이라고 생각하는 것을 말하는데, 이렇듯 자신의 몸에 대해 스스로 느끼고 생각하는 것은 자존감이나 자기 가치감과 직결된다. 그리고 많은 경우 자기 자신에 대해 부정적인 바디 이미지를 갖고 있을수록 자존감이나 자기 가치감이 낮은 것을 볼 수 있다.

바디 이미지에서 문제가 되는 것은 '몸' 자체라기보다 몸에 대한 생각이다. 우리는 다음과 같은 사례를 쉽게 접할 수 있다. 객관적으로 보아서 아무렇지도 않은데 스스로 자신은 주걱턱이라고 생각해서 턱에 집착하는 경우다. 이런 사람은 늘 거울 앞에서 요리조리 움직여 턱을 들여다보고 어떤 헤어스타일과 화장을 해야 주걱턱이 부각되지 않을까 하는 생각에 빠져 있다.

생각은 참으로 중요하다. 어떤 사람은 실제 모습과 상관없이 자신의 다리가 굵다고 생각해서 도통 치마를 입으려 하지 않는다. 또 다른 사람은 자신의 피부가 까무잡잡하다고 생각해서 항상 어두운 색상의 옷만 입는다.

이처럼 주걱턱이 아님에도 주걱턱이라고 생각하고 또 다리가 굵지 않음에도 다리가 굵다고 생각하는 것은 과연 무엇 때문일까? 혹은 실제 자

7장 내 몸의 경험은 정체감 형성의 토대가 된다 199

신의 모습보다 훨씬 더 뚱뚱하거나 혹은 말랐다고 생각하는 것은 무엇 때문일까?

다시 말해, 사람들은 자신의 실제 모습과 상관없이 자기 자신에 대해 왜 그렇게 부정적인 바디 이미지를 갖게 되는 것일까? 원인은 어린 시절에 있다. 이런 사례가 있다.

"엄마는 아주 예뻤고 외모 꾸미는 일에 시간을 많이 들였어요. 엄마는 아주 어렸을 때부터 나한테 엄마처럼 외모에 신경을 쓰라고 했어요. 그래서 머리카락이 조금만 삐져나와 있어도 엄마한테 혼이 났어요. 아빠 역시 엄마나 내 외모에 굉장히 신경을 쓰는 것 같았어요. 아빠는 늘 엄마에게 아름답다는 이야기를 하고, 나한테도 귀엽다는 이야기를 하셨어요. 그렇지만 난 엄마의 외모를 물려받지 않았기 때문에 결코 엄마만큼 아름다워지지는 않을 거라는 걸 알고 있었어요. 결국 난 아름다운 외모야말로 여자가 남자에게 줄 수 있는 가장 중요한 것이며, 또 남자에게 여자를 계속 좋아하게 하려면 언제나 예뻐 보이도록 노력해야 한다고 생각하면서 자랐어요." [54]

위 사례에서 보듯이 우리가 자신의 몸에 대해 생각하는 것은 부모님이 어린 시절 우리 자신의 몸을 대했던 방식에서 연유한다고 볼 수 있다.

잠시 눈을 감고 어린 시절 부모님은 나의 몸을 어떻게 대하셨는지 생각해 보자. 그리고 지금 나는 내 몸에 대해 어떻게 생각하고 있는가?

아마도 부모님의 영향을 간과할 수는 없을 것이다. 즉 나의 실제 모습에 상관없이 부모가 내 모습에 이름붙인 꼬리표를 실제 나인 것처럼 생각하게 된 것이다. 그런 식으로 우리는 실제로 자신의 몸이 얼마나 매력적인가에 상관없이, 자신의 몸에 대해 불평하면서 만족함이 없이 평생을 행복하

> 실제 모습과 상관없이 자신의 몸, 특히 자신의 신체 외모에 대해 가지고 있는 생각이 인생의 행·불행을 결정할 정도로 각 개인의 삶에 지대한 영향을 미친다.

지 못하게 살아가는 사람들을 주변에서 쉽게 찾아볼 수 있다.

이뿐만이 아니다. 날씬하지 못해서 남자친구가 없다고 생각하는 사람, 남자들은 오로지 외모에만 관심이 있기 때문에 자신은 영영 결혼할 수 없다고 생각하는 사람, 그리고 외모 때문에 면접에서 낙방했다고 생각하는 사람도 있다.

지금까지 설명한 것을 요약하면 문제는 실제 모습과 상관없이 자신의 몸, 특히 자신의 신체 외모에 대해 가지고 있는 생각이 인생의 행·불행을 결정할 정도로 각 개인의 삶에 지대한 영향을 미친다는 것이다. 즉 실제 나의 모습이 문제가 아니라 실제 나의 모습에 대해 어떻게 생각하느냐가 문제인 것이다.

더욱이 외모와 날씬함이 최고라고 여겨지는 사회적 분위기 속에서 요즘 젊은 여성들은 모든 면에서 당당하고 자신감이 있어도 날씬한 외모를 갖지 못했을 경우 위축되는 경향이 있다. "어떻게 너는 젊은 애가 아줌마 몸매니!", "시집가고 싶으면 살 좀 빼라", "그게 다리야, 무지"와 같은 말들이 아무렇지도 않게 내뱉어지고 있는데, 이러한 '외모 지상주의' – "나

의 가치는 내가 얼마나 예쁜가, 얼마나 날씬한가에 달려 있어"-는 살아 있는 우리의 몸을 생명이 없는 인형처럼 취급하게 만든다.

마치 내 몸을 남에게 보여주기 위한 소유물 정도로 생각하는 분위기가 사회 전체적으로 팽배해 있다. 하지만 거듭 강조하건대 우리의 몸은 움직이며 오감을 즐기고 살라고 주신 하나님의 선물이다.

예컨대 아주 예쁘게 꾸며진 집이 있다고 치자. 그런데 이 집은 예쁘기만 하지 기능적인 측면에서 보면 영 쓸모가 없다. 집안 구조도 불편하게 되어 있고 자재들도 실용적이지 못하다. 그러면 이 집은 겉모습은 집이지만, 집으로서의 역할을 하고 있다고 볼 수 없지 않은가. 물론 그 집의 겉모습에 취해서 얼마 동안은 살 수 있겠지만….

우리 몸도 마찬가지다. 우리 몸이 얼마나 신비로운지를 안다면, 더는 '외모 지상주의'에 매달리지 않을 것이다. 우리 몸을 들여다보면 참으로 신비하고 경이롭다. 먼저 우리 몸을 이루는 수조 개의 세포는 매 순간 수백만 개씩 교체되며, 그 끝과 끝을 이으면 160만 킬로미터 이상이 된다.

몸속의 혈관은 어떤가. 혈관을 펼쳐서 이으면 12만 킬로미터 이상이 되며, 무게가 겨우 300그램인 심장은 매일 기차 여러 대를 채울 수 있을 만큼의 혈액을 내보내며 쉬지 않고 뛴다. 몸을 이루는 206개의 뼈는 강철이나 강화 콘크리트보다도 강한데, 과학은 엄지손가락과 같이 내구성과 유연성을 갖춘 관절을 만들어내지 못한다.

눈, 귀, 코의 경우는 또 어떤가. 복잡한 신경 회로는 수천 가지의 색, 소리, 냄새를 분별하게 해준다. 눈과 뇌는 연동되어 아주 작은 자세의 불균형도 감지한다. 피부 아래에는 손톱 크기만 한 부분에 수백 개의 신경 말단이 있어 촉감, 기온, 통증을 감지하고 무수한 땀샘은 몸을 식혀 준다.

산성의 피부는 불순물이 몸 안에 들어오는 것을 막는다. 코, 기관지, 폐는 함께 연동하여 들어오는 공기를 거르고 습도와 온도를 조절한다. 그리고 뇌는 끊임없이 몸을 감시하며 체온, 혈당, 체액 균형, 혈압을 조절한다.55)

이처럼 우리 몸의 신비함에 대해 열거하자면 끝이 없다. 따라서 이제부터라도 몸의 겉모습에만 매이지 말고, 나에게 이 몸을 선물로 주신 하나님께 감사드리며 또 지금까지 우리 몸을 통해 누렸던 많은 축복에 감사하는 마음을 가져야겠다.

바디 이미지는 꼭 몸에 대한 생각이나 외모에만 관련이 되는 것은 아니다. 바디 이미지는 몸의 움직임 그리고 몸의 여러 감각 경험과도 관련이 있다. 즉 몸의 움직임이 주는 즐거움을 느끼면 바디 이미지가 바뀐다는 것이다.

언젠가 산책로를 거닐거나 아니면 산에 올랐던 경험을 떠올려 보자. 비가 온 다음날 볼 수 있는 푸르다 못해 맑고 투명한 나뭇잎들, 그리고 가슴 깊이 전해지는 바람과 등줄기를 타고 흐르는 기분 좋은 땀은 산을 오르는 기쁨을 두 배로 만들어준다. 어디 이뿐이랴. 코끝을 자극하는 향기들…솔향기…나무 향기…그리고 발끝에 차이는 작은 꽃과 풀들….

어른들만 몸의 움직임을 즐기는 것은 아니다. 어린아이들 또한 끊임없이 몸을 움직이면서 움직이는 것 자체를 즐기는 듯하다. 그렇기 때문에 우리는 움직임의 연속선상에서 살아 있음을 느낄 뿐만 아니라 몸을 움직일 때 마음 또한 즐거워진다.

흔히 의사들은 우울증으로 고생하는 사람들에게 햇빛을 많이 보고 또 많이 걸으라고 한다. 왜 그렇게 처방하는 것일까? 앞에서 살펴본 것처럼 몸을 움직이면 정체되어 있던 부정적 감정 에너지들이 방출되어 기분이 바뀌기 때문이다.

우리는 경험상 우울하다고 집 안에만 틀어박혀 있으면 더욱 우울 속으로 빠져들 수밖에 없다는 것을 안다. 우울할 때는 밖으로 나와 몸을 움직여 주는 것이 최고의 치료법이다. 그러면 막혀있던 우울한 감정 에너지가 빠져나가 기분이 좋아지는 것을 경험하게 된다.

이렇듯 우리의 몸과 마음은 떼려야 뗄 수 없는 관계로서 몸의 상태에 따라 마음이 달라질 수 있다. 우리의 몸은 참으로 오묘하고 신비로 가득 차 있다.

지금까지 살펴본 것처럼 몸의 움직임은 나의 우울한 감정을 바꾸어 유쾌하게 만든다. 즉 몸을 움직이면 몸에서 상쾌함이 느껴진다. 그리고 몸에 대해 이렇듯 기분 좋은 감정이 느껴진다면 나는 내 몸을 좋아할 수밖에 없을 것이다. 그리고 내가 내 몸에 대해 기분 좋은 감정을 느끼면 당연히 나 자신에 대한 바디 이미지도 좋아질 수밖에 없다. 마침내 내가 나를 사랑하며 사는 삶이 시작된 것이다.

그러니 이제부터라도 신체 외모에 초점을 두기보다는 몸을 움직임으로써, 즉 오감을 사용함으로써 느껴지는 즐거움에 초점을 맞추어 보자.

이 말은 그동안 우리가 잃어버렸던 몸의 움직임이 주는 즐거움, 더 나아가 오감(시각, 청각, 촉각, 후각, 미각)을 통한 감각 경험을 많이 함으로써 몸이 주는 즐거움을 회복하자는 말이다.

'회복' 이라는 단어에는 '경이로움' (wonderful)의 뜻이 담겨져 있듯이, 몸의 움직임이 주는 즐거움을 회복할 때 삶은 순간순간 우리에게 경이로움으로 다가올 것이다. 그리고 자신의 몸에 대한 긍정적인 경험을 계속 반복하게 될 때 우리는 신체 외모를 뛰어넘어 자신의 몸을 사랑하게 될 것이다.

8장 내 몸 사랑하기

✽ ✽✽ ✽ 나에 대한 왜곡된 신체상 깨뜨리기

　나는 매번 강의 첫 시간에 이런 질문을 한다. "여러분은 여러분 자신에게 몇 점이나 주시겠습니까?" 그러면 대다수의 학생들은 40점이나 50점대의 점수를 준다. 물론 80점이나 90점대의 점수도 가끔 있기는 하다.
　우리는 참으로 귀하고 또 사랑스러운 사람들이다. 왜냐하면 전능하신 하나님이 우리 한 사람 한 사람을 손수 빚으셨기 때문이다. 이 말은 우리를 100점짜리 인간으로 만드셨다는 말인데, 그러면 이 학생들은 왜 자기 자신에 대해 40~50점대의 점수밖에 줄 수가 없었을까?
　이유를 들어보면 참으로 다양하다. "저는 키가 작고 너무 왜소해서

요." "저는 얼굴이 예쁘지 않아요." "저는 너무 뚱뚱해요. 여성으로서의 매력이 없어요." "저는 머리가 좋지 않아요." "저는 성격이 별로에요." "저는 특별나게 잘하는 게 없어요." "왠지 저 자신에게 만족할 수가 없어요. 더 나은 사람이 되기 위해서는 뭔가 더 잘해야 할 것 같아요." 등등….

여기서 주목해야 할 것은 자기 자신에 대한 점수와 외모를 연결시켰다는 것인데, 이렇게 자기 자신을 외모로 판단할수록 우리는 하나님이 만드신 본래의 내 모습에서 멀어져 갈 뿐만 아니라 이 땅에서 행복한 삶을 살아갈 수가 없다.

하나님께서는 온 우주를, 그리고 지구를 사람이 살기에 좋도록 만드신 다음, 사람들을 창조하셨다. 즉 우리의 몸을 흙으로 만드셨고, 그 코에 하나님의 생기를 불어넣어 하나님의 형상을 닮은 남자와 여자로 창조하셨다(창 2:7, 1:27). 그리고 하나님께서는 "심히 좋다"고 말씀하셨다.

이처럼 우리의 몸은 하나님이 직접 빚으셨기 때문에 귀할 수밖에 없는데 나 자신이 내 몸에 대해서 불평을 하는 것은 마치 내가 그릇들이 필요해서 여러 모양의 그릇들을 만들었는데, 네모난 모양의 그릇이 왜 나를 세모난 모양의 그릇으로 만들지 않았냐고 항의하는 것처럼 말도 안 되는 소리라고 할 수 있다.

우리 각자는 이렇듯 하나님이 직접 빚으신 걸작들임에도 우리는 왜 그렇게 자신의 겉모양이라 할 수 있는 외모에 집착하는 것일까?

그 이유는 바로 우리가 선물과 포장지를 혼동하기 때문이다. 마치 포장지만 보고서 선물을 내팽개치는 어린아이처럼….

우리 모두는 하나님이 우리 각자에게 주신 포장된 선물이다. 즉 이 세상의 모든 사람들은 다양한 종류의 포장지로 포장되어 있다. 어떤 사람들은 매우 아름답고도 화려하게 포장되어 있다. 이를테면 외모가 빼어나다든지 특별난 재주가 있다든지 아니면 부유한 환경 속에서 사는 사람들이 있다.

어떤 사람들은 그저 그렇게 평범한 포장지로 포장되어 있다. 아마 대다수의 사람들이 이 부류에 속할 것이다.

반면에, 또 다른 사람들은 아주 허술하고도 초라한 포장지로 포장되어 있다. 이를테면 가진 것도 없고, 외모도 그저 그렇고, 이렇다 할 재주도 없고, 여기에 어떤 장애까지 갖고 있을 수도 있다. 안타깝게도 이런 사람들 중에는 자기 자신을 별 볼일 없는 존재로 여겨서 매사에 자신감이 없이 행동하는 사람들이 많다.

하지만 포장은 선물이 아니다. 물론 멋진 장식이 달린 화려한 포장지로 포장된 선물을 받으면 받는 순간 기쁨이 더할 수는 있겠지만, 포장지는 단지 포장지에 불과할 뿐이다. 포장지까지 선물로 여기고 간직하는 사람은 아마 아무도 없을 것이다. 왜냐하면 포장지가 중요한 것이 아니라 그 포장지 속에 들어 있는 선물이 더 중요하기 때문이다.

다시 한 번 강조하지만, 우리는 포장지가 아니고 선물이라는 사실을 기억해야 한다. 그렇다면 포장지 말고 하나님이 우리에게 주신 선물인 우리 자신의 진정한 모습이란 과연 어떤 것일까?

고대 철학자 에픽테투스는(Epictetus) 이렇게 말했다. "그대는 최고의 작품이요 하나님의 파편으로, 당신 자신 안에 하나님의 일부분을 지니고 있다. 그런데 어찌하여 당신의 고귀한 혈통을 알아채지 못한단 말인가?"56)

그렇다. 하나님은 우리를 자신의 형상대로 창조하시고 당신의 숨결을 넣어 우리에게 생명을 주셨다. 그러므로 우리의 모습 속에는 하나님의 본성이 심겨져 있다고 할 수 있다. 뿐만 아니라 이 세상에 생명을 갖고 태어난 사람은 누구나 그가 어머니 뱃속에서 잉태되기 오래전부터 이미 하나님이 생각하고 계획한 존재다. 시편 139편은 이 사실을 아름답게 묘사하고 있다.

> 주께서 내 내장을 지으시며
> 나의 모태에서 나를 만드셨나이다
> 내가 주께 감사하옴은
> 나를 지으심이 심히 기묘하심이라
> 주께서 하시는 일이 기이함을
> 내 영혼이 잘 아나이다
> 내가 은밀한 데서 지음을 받고
> 땅의 깊은 곳에서
> 기이하게 지음을 받은 때에
> 나의 형체가
> 주의 앞에 숨겨지지 못하였나이다
> 내 형질이 이루어지기 전에

> 주의 눈이 보셨으며
> 나를 위하여 정한 날이 하루도 되기 전에
> 주의 책에 다 기록이 되었나이다
>
> 시편 139편 13~16절

이처럼 우리는 장차 세상으로부터 비교를 통해 점수가 매겨질 존재들로 태어난 것이 아니다. 우리는 하나님의 형상으로서 자기 자신만의 고유한 모습을 갖고 태어난, 이 세상에 단 하나밖에 없는 고귀한 존재들이다.

우리가 자신의 몸을 기뻐하며 온전히 누리지 못하는 또 다른 이유로는 우리가 어려서부터 부모에게 자신이 무조건적으로 사랑받을 만하고 가치 있는 존재라는 느낌을 받지 못했기 때문이다.

특별히 우리의 몸은 자기 자신이 어떻게 다루어지고 있는지를 너무도 잘 알고 있는데, 우리는 부모로부터 사랑받는 존재임을 몸으로 체험하지 못했기 때문에 자기 자신, 특히 자신의 몸에 대해 당당하지를 못한 것이다.

부모의 영향력은 참으로 크다. 부모는 나 자신이 누구인지를 비추어 주는 거울이다. 우리는 부모를 통해서 나 자신이 얼마나 사랑받는 존재인지를 알아가는데, 특히 부모는 우리가 자신의 몸을 바라보고 느끼는 방식에 지대한 영향을 미친다.

잠시 우리의 어린 시절을 돌아보자. 부모님은 내 몸을 어떻게 대해 주셨나? 내 몸을 좋아하셨나? 아니면 '못난이'라 부르며 못생겼다고 놀리지는 않으셨나? 혹 부모님이 화가 나셨을 때 내 몸에 화풀이를 해댄 적은 없는가? 그리고 지금 내가 나 자신의 몸을 대하는 방식이 그 옛날 부모님이 내 몸을 대하던 방식과 같지는 않은가?

> 우리는 부모를 통해서 나 자신이 얼마나 사랑받는 존재인지를 알아가는데, 특히 부모는 우리가 자신의 몸을 바라보고 느끼는 방식에 지대한 영향을 미친다.

이를테면 아침밥을 먹지 않거나 저녁 늦게 간식을 먹을 경우 뭐라고 하셨나? 무리하게 운동을 하거나 몸을 혹사시킬 정도로 어떤 것에 빠져 있을 때는? 내가 내 몸을 돌보고 가꾸는 것에 대해서는 뭐라고 말씀하셨나? 내게 맞는 스타일에 대해 조언을 해주셨는가? 아니면 어린애가 멋 낸다고 혼을 내셨나?

더욱이 자신의 몸에서 특별히 싫어하는 부분이 있다면, 혹 부모에게 지적을 받았던 부분은 아닌가? 어떤 여성은 실제로 다리가 굵지도 않은데 자기 다리를 '무다리'라고 생각할 뿐만 아니라 자기 다리를 너무 싫어해서 치마를 입지 않는다.

왜 이렇게 되었을까? 어린 시절 엄마는 항상 농담조로 '우리 딸 다리는 무다리' 하고 장난을 쳤는데, 딸이 그것을 진짜로 믿어버린 것이다. 왜냐하면 다른 사람이 아니라 바로 나를 가장 잘 알고 또 사랑하는 엄마가 한 말이기 때문이다.

또 다른 여성은 아랫배가 유난히 많이 나왔다. 이 아랫배 때문에 항상 스트레스를 받는다. 하지만 어쩌면 당연한 결과인지도 모른다. 왜냐하면

이 여성은 자기 전에 쿠키와 같은 달콤한 것을 먹는 버릇이 있었기 때문이다. 고민 끝에 심리 상담을 받게 되었는데 상담 도중에 이 여성은 어린 시절 자신이 잠들기 전에 과자나 여타의 음식들을 많이 먹어도 아무런 제재를 하지 않았던 엄마의 모습이 떠오르면서 마음속에서 분노가 올라오는 것을 느꼈다.

여러분은 어떤가? 자신의 몸에 대해 어떻게 느끼는가? 혹 자신의 몸에 대해 왜곡된 이미지를 갖고 있지는 않는가? 일반적으로 자신의 몸에 대한 첫 기억이 바로 현재 우리가 우리 자신의 몸에 대해 느끼는 방식이라고 한다.

잠시 눈을 감고 자신의 신체에 대해 가졌던 최초의 기억을 한 번 떠올려 보자. 엄마나 할머니에게 뽀뽀나 포옹을 받았을 때의 몸에 대한 기억이 있을 수도 있고, 아니면 매를 맞았을 때의 몸에 대한 기억도 있을 것이다.

혹 자신의 몸에 대한 첫 기억이 긍정적이지 않다 하더라도, 그리고 현재 자신의 몸이 마음에 들지 않는다 할지라도 크게 걱정할 필요는 없다. 그것은 내 몸이 정말로 귀하지 않아서가 아니라 다른 사람, 특히 나를 양육시킨 부모의 태도를 내 것인 양 그대로 받아들인 것이기 때문이다.

다른 말로 하면 지금까지 우리는 내 옷이 아닌 남의 옷을 입고 있었던 것과 같다. 이제부터가 중요하다. 남의 옷을 벗어버리고 내 옷을 입자. 즉 세상적인 관점에서 나를 바라보는 것이 아니라 나를 만드신 하나님의 관점에서 나를 바라보고, 또 다른 사람들이 나를 예쁘게 봐주기를 원하기 전에 내가 먼저 내 몸을 아끼고 사랑해 주자.

✽ ✽✽ ✽ 내 몸을 사랑하고 돌볼 책임은
다른 사람이 아니라 바로 나에게 있다

사랑이신 하나님에 의해 사랑으로 만들어진 우리 모두는 사랑받고 싶어 하는데, 문제는 내가 나를 사랑해 주려 하기보다 다른 사람들이 나를 사랑해 주기를 바란다는 것이다. 다시 말해 우리는 인간관계 속에서 만나는 사람마다 나를 온전히 사랑해 줄 '엄마'를 만들려고 한다. 그러다 보니 티격태격 문제가 생길 수밖에 없다.

예를 들어, 지금까지 살아오면서 이와 비슷한 종류의 부부 싸움을 한 경험이 누구나 한두 번쯤은 있을 것이다. "누구네 집 남편은 아내 생일이나 결혼기념일에 장미 100송이를 선물했다는데 당신은 뭐야? 그러고도 날 사랑한다고…." 이런 식으로 한바탕 싸움을 하고서 그 주 내내 우울하게 지냈던 경험 같은 것 말이다.

그런데 생일에 장미꽃 다발을 왜 꼭 남편을 통해서만 받아야 하고, 또 받지 못했을 땐 속상해해야 하나! 왜 내가 나를 위해 장미꽃 한 다발을 사면 안 될까? 정작 본인은 자기 자신을 아무렇게나 대하면서 남들이 자기를 소홀히 대접한다 싶으면 막 화를 내는 것, 이거 뭔가 잘못된 거 아닐까?

이런 경우도 생각해 볼 수 있다. 같은 아파트 단지에 사는 아주머니들끼리 중국집에 식사를 하러 갔다. 나는 짬뽕이 먹고 싶었는데 모두들 짜장면을 시키는 것 아닌가! 망설이다가 나도 하는 수 없이 짜장면을 시켰

> 나를 사랑해 주지 않으면서 다른 누군가가 나를 사랑해 주길 바라는 것은 모순이다.

다. 그러고서는 오후 내내 짬뽕을 먹지 못한 것에 대해 아쉬워했다. 그럼 왜 나는 당당하게 짬뽕을 시키지 못한 걸까?

과연 여러분의 아이들이 이런 상황에서 짬뽕을 원했다면 여러분은 어떻게 했을까? "그냥 짜장면 먹어. 다른 아이들도 다 짜장면 먹잖니"라고 했을까? 아닐 것이다. 당당한 목소리로 "여기 우리 아이는 짬뽕이요" 했을 것이다. 그런데 왜 나를 위해서는 그렇게 못하는 것일까?

이것은 아주 중요한 문제다. 왜냐하면 요즘의 젊은 여성들이 결혼을 기피하는 것도 이와 관련이 있기 때문이다. 구체적으로 말하면 결혼해서 엄마처럼 되기 싫다는 것이다. 엄마는 생선 한 조각도 못 먹으면서 식구들을 위해서는 생선뼈 발라주는 모습이 미래의 자신의 모습 같아서, 자신도 그렇게 될까 봐 결혼하기가 싫다는 것이다.

그렇다면 자기 자신을 돌보기는커녕 혹사하다시피 하며 자식에게 헌신한 부모들의 나중 모습은 또 어떤가? 이렇게 생선뼈 발라주며 키운 아들이 결혼해서 며느리와 다정하게 살아가는 모습을 보면 괜히 심술 나는 시어머니들이 얼마나 많은가. "내가 너를 어떻게 키웠는데…." 뭐라 뭐라 해도 이런 것들은 다 자기가 자기 자신을 소홀히 대접했기 때문에 생긴 결과들이 아닐까?

그렇기 때문에 내가 나 자신을 귀하게 여기고 사랑하는 것이 필요하다. 즉 인간관계 속에서 나를 사랑해 줄 '엄마'를 찾아 헤맬 것이 아니라,

내가 내 자신에게 엄마 노릇을 해주면 된다. 사실 나조차도 나를 사랑해 주지 않으면서 다른 누군가가 나를 사랑해 주길 바라는 것 자체가 모순이라고 할 수 있다.

그렇기 때문에 지금부터라도 내 몸이 하는 말에 귀 기울이면서 날마다 내 몸을 잘 돌봐줄 필요가 있다. 몸이 스파게티가 먹고 싶다고 하면 돈 생각하며 참지 말고, 또 몸이 배부르다고 하면 아까워도, 맛있어도, 귀한 음식이어도 몸의 말을 듣고 그만 먹을 줄 알아야겠다. 또 몸이 피곤하다고 하면 커피로 잠을 쫓지 말고 잠시라도 몸에게 쉼을 주자. 이 외에도 팔이나 다리가 아플 때는 손으로 아픈 부위를 정성껏 어루만져 주자.

이렇듯 내가 나를 잘 대접해서 내 안에 있는 사랑의 그릇이 채워지면, 컵에 물을 부으면 처음에는 컵에 물이 가득 차고 그 후에는 컵 밖으로 흘러넘치듯이, 그렇게 나에 대한 사랑이 다른 사람들에 대한 사랑으로 바뀌게 될 것이다.

✽ ✽✽ ✽ 내 몸과 다시 소통하기

홍콩 고고

나는 내 몸을 사랑한다. 정성으로 몸을 닦고 가꾼다. 몸을 사랑하는 나는 지금 있는 그대로의 나 자신을 받아들이고 삶을 즐긴다. 내 몸을 사랑하기에 내 안에 자존감이 높다. 내가 육십 넘어 살면서 가장 많이 바뀐 것이 '내 몸'이다.

어려서 난 동네 아이들하고 놀 때 늘 뒤처졌다. 겁먹은 경우가 많았고, 어쩌다 싸움이라도 벌어지면 뒤로 물러섰다. 싸우지 않으려고 평소에 무지 착한 척을 했다. 달리기, 씨름, 공차기 등 어떤 놀이에서도 난 아이들에게 밀렸다. 그런 내 모습이 늘 속상했다. 비겁해지는 내 모습이 미웠다. 전쟁놀이 같은 걸 하면 포로로 잡혀서 끌려 다니거나 다른 동네 아이들에게 매를 맞기 일쑤였다.

초등학교 시절 교내 운동회가 다가오면, 다른 아이들은 재미있어하고 상 탈 것을 기대하며 기다리는데, 나는 며칠 전부터 고민이었다. 어머니랑 친척들, 동네 어른들이 보는 데서 꼴찌 하는 게 너무 창피했기 때문이다. 연필이나 공책을 상으로 타서 자랑하는 아이들이 부럽고 다른 한편 잘하는 아이들이 얄밉기도 했다.

그런 내가 위로받을 곳은 교회뿐이었다. 교회 다니는 게 재밌고, 그곳에서는 다른 아이들에게 뒤지지 않았다. 세상 것은 뒤지지만, 교회에서는 인정받는 아이가 되려고 애를 썼다. 자연스럽게 몸은 이 세상에 속한 것이라는 생각을 하게 되었고, 하나님 나라를 위해서 살려고 열심히 교회에 다녔다. 어린 마음에 벌써 이 세상의 것과 하늘나라의 것을 구분 지으며 살았다.

몸에 대한 열등의식이 날이 갈수록 깊어졌다. 몸에는 자신이 없었다. 잘생기지도 못하고…. 목욕탕 가는 것도 남들에게 창피해서 목욕탕 한 모퉁이에 쭈그리고 앉았다가 남들보다 빨리 마치고 얼른 나와 버리곤 했다. 몸에 대한 열등의식은 몸만 자신 없게 만드는 것이 아니라 정신세계에도 영향을 주어서 자신이 없고, 부끄럽고, 어디서나 당당하게 나서지를 못했다.

그러면서도 마음속으로 나는 예수 믿는 아이니까, 겸손하고 착해서 남들처럼 우쭐대거나 앞에 나서지 않는 거라고 스스로 위로하고 합리화했다. 내 자존감은 계속 바닥으로 내려갔고 대인 관계에도 자신감을 잃어갔다. 착한 것으로 땜질하려는 비굴한 마음이 자리를 잡아가고 있었다.

몸 쓰는 것을 싫어하고 몸이 아닌 영적인 것을 추구하다 보니 자연스럽게 신학교로 진학하게 되었다. 신학교에 다니면서도 다른 학생들은 여자를 사귀는데, 나는 연애 한 번 해보지 못했다. 이렇게 몸에 자신 없더니 폐결핵에 걸려 휴학을 하게 되었다. 병이 들어 몸은 더욱 바닥으로 내려앉았다. 일 년 쉬고 복학했다가 일 년 후 재발했고, 오른쪽 폐에 3cm의 공동이 생겨 광주의 한 병원에 입원하게 되었다. 폐결핵이 재발되면서부터는 더 이상 세상 살 의욕을 잃어버렸고 죽으려고 유서까지 썼었다.

 오늘 내가 내 몸을 사랑하고 남들에게 자랑할 수 있게 된 것은 어쩌면 내 생애에 있어서 기적이다. 몸에 대한 내 생각이나 태도가 바뀐 게 서른두 살 때다. 일 년 동안 홍콩에 있는 국제 YMCA 교육원에 유학을 갔는데, 책을 읽다가 한 구절에 눈이 멈추었다. "사람이 몸을 갖고 있는 것이 아니라, 인간 존재는 몸 그 자체이다" (Human being is just body itself).

충격이었다. 인간 존재가 몸이다. 자꾸만 되뇌게 됐다.

그러던 어느 날 나는 홍콩 침사초이 시내 번화가의 한 빵집에서 빵을 사먹고 있었다. 미국 해군 세 명이 빵집에서 맥주를 마시고, 라디오에서 흘러나오는 그 당시 유행하던 고고 노래에 맞추어 좁은 공간에서 흥겹게 막춤을 추기 시작했다. 한 놈은 개 발로 엎드려 네 발로 기어 다니며 몸을 흔들었다. 나는 아예 춤을 싫어했고 또 퇴폐적인 거라고 생각해 왔었다. 또 춤은 정해져 있는 규칙이나 스텝을 따라 추는 것이라고 생각했는데, 바닥을 기어 다니는데도 춤이 된다는 게 정말 놀라왔다.

교육원에서는 주말마다 파티가 열렸는데 나는 그때마다 쑥스럽고 재미없어서 한 귀퉁이에 서 있곤 했다. 하루는 용기를 내어 사람들 사이에 끼어서 몸을 움직여 보았더니 쑥스러웠지만 재미있었다. 그때를 시작으로 나는 주말마다 파티에 가서 함께 춤을 추었다. 몸이 좋아했다. 흥이 났다.

나는 홍콩에서 처음으로 환한 색깔의 옷, 짙은 빨강 스웨터를 입게 되었다. 강문규 아시아 YMCA 총무가 백화점에서 선물로 사준 옷이었다. 밝은 옷을 입으니, 마음도 밝아진다. 그전에는 환한 옷을 내 자신이 소화시키지 못했었다. 윗옷과 맞추어 짙은 초록색 바지를 사 입었다. 야! 마음이 가벼워지고 내 자신 안에 화려한 감성이 살아났다. 그전에는 검정, 흰색, 국방색, 감색, 회색의 옷들만 찾아 입었는데 이제 마음이 환하게 밝아지고 삶의 기지개가 펴지는 느낌이었다.

수원교육원에서 교육 마지막 날 저녁에는 춤추는 시간을 가졌다. 그곳에서 나는 '홍콩 고고'라는 별명이 붙게 되었다. 예전 같으면 '홍콩 고고'라는 별명이 싫었을 텐데, 그땐 오히려 기뻤다. 세상에 나에게 다른 것도 아닌 춤으로 '홍콩 고고'라는 별명이 붙다니, 정말 변해도 엄청 변했네! 몸에 대한 열등의식은 정신적인 열등의식보다 훨씬 자기 자신의 생명을 갉아먹는다.57)

위의 글은 자신의 몸과 소통하며 사는 것의 일면을 보여주고 있다. 즉 몸과 소통한다는 것은 몸을 자신의 소유물 정도로 생각해서 몸을 가꾸고 돌보는 것이 아니라, 내가 곧 내 몸 그 자체이기 때문에 나를 돌보고 사랑하기 위해서 몸이 하는 말에 귀 기울이며 몸과 대화하는 것을 의미한다.

예컨대 우리의 정서적 상처들을 모두 기억하고 있는 몸은 얼굴 표정이라든가 몸의 여러 가지 통증들, 질병들, 그리고 몸의 자세 등을 통해 우리의 마음 상태에 대해서 많은 것들을 이야기해 준다고 볼 수 있다.

> 자기 내면에서 느껴지는 감정들을 표현하지 못하고 오랫동안 마음속에 억압해둔 사람들일수록 몸은 굳어져서 몸과 소통하는 것, 즉 몸의 감각을 느끼는 것이 어렵다.

따라서 우리의 몸은 우리의 마음 상태가 어떠한지를 있는 그대로 보여준다. 그런데 몸의 언어인 감각을 느낄 수 없는 것은 왜일까?

앞에서도 여러 번 언급했지만 우리에게는 고통스런 감정을 느끼고 싶어 하지 않는 경향이 있어서 몸으로 느껴지는 분노나 슬픔과 같은 부정적인 감정을 느끼지 않으려고 몸의 근육을 수축시키다 보니까 몸이 굳어져 버렸기 때문이다. 몸이 굳어졌기 때문에 몸의 감각이 잘 느껴지지 않는다. 즉 몸과 소통이 단절되고 말았다.

더욱이 자기 내면에서 느껴지는 감정들을 표현하지 못하고 오랫동안 마음속에 억압해둔 사람들일수록 몸은 굳어져서 몸과 소통하는 것, 즉 몸의 감각을 느끼는 것이 어렵다.

그렇기 때문에 굳어진 몸이 풀어져 유연하게 되고, 그 결과 얼어붙은 감정이 풀어지기까지는 시간이 오래 걸릴 것이다. 그럴지라도 내 몸과 소통하며 살기 위해서는 끊임없이 몸의 말에 귀 기울이고 또 몸의 언어인 감각을 느껴 보려고 애를 써야 한다.

✳ ✳ ✳ ✳ **내 몸은 내 친구**

　지금까지 살펴본 것처럼 대체적으로 우리는 자신의 몸을 못마땅하게 여길 뿐만 아니라 소홀히 대하는 경향이 있다. 예컨대 거울을 볼 때마다 못마땅한 곳이 한두 군데가 아니다. '눈은 왜 이렇게 작단 말인가, 쌍꺼풀도 없고, 키가 3cm만 더 컸으면, 다리가 너무 굵은데' 어디 이뿐이랴. 몸이 아프거나 힘들어 하면 몸의 소리에 귀 기울이기보다 원래부터 약골로 태어나서 문제라느니 하면서 몸을 돌보기보다는 도리어 몸에게 원망만 늘어놓는다. 그러면 또 몸이 건강할 때는 어떤가. 몸에게 고마워하고 감사하기는커녕 당연한 것으로 여긴다.

　우리는 살아가면서 몸을, 필요한 의식주를 해결하는 수단으로 생각해서 마구마구 부려먹는다. 그러다가 병이라도 나면 또 어떻게 하는가? 내 몸인데도 내가 돌보려 하지 않고 의사가 나를 더 잘 아는 것처럼 의사에게 내 몸을 덜렁 맡겨버린다. 마치 낡고 고장 난 기계를 수리하기 위해 정비소로 보내듯이….

　하지만 내 몸은 나를 과시하기 위한 내 소유물이 아니라 친구다. 하나님은 이 세상을 살아가는 여정 속에 이 몸을 나의 친구로 벗 삼도록 하셨다. 이 몸은 평생 건강할 때나 건강하지 못할 때나, 기쁠 때나 슬플 때나, 부유하거나 가난하거나 나와 함께하는 내 친구다.

　그렇기 때문에 이제는 내 몸을 사랑하는 친구를 대하듯이 그렇게 대해 주어야 한다. 여러분은 여러분이 좋아하는 친구, 아끼고 사랑하는 친구가 한 명쯤은 있을 것이다. 그 친구를 한번 머릿속에 떠올려 보자. 그 친구는 어떤 친구인가? 아주 나무랄 데 없이 완벽한가? 예를 들면 예쁘고, 능력도 있고, 집안도 좋고, 재주도 많고…. 그런가? 물론 그럴 수도 있겠지만 대부분의 경우는 그렇지 않을 것이다.

> 내 몸은 이 세상을 다하는 날까지 늘 내 옆에 있어 주는 내 친구다.

그처럼 뭐 그리 대단하지는 않아도, 우리는 그 친구의 약점보다는 장점을 생각하며 그 친구와 함께 있기를 좋아한다. 왜냐하면 그 친구가 뭔가를 많이 소유하고 있어서가 아니라, 그 친구가 내 옆에 있어 준다는 것 그 자체만으로도 나에게는 기쁨이 되기 때문이다. 이처럼 내 몸도 이 세상을 다하는 날까지 늘 내 옆에 있어 주는 내 친구다.

또한 몸은 내 친구임과 동시에 하나님의 숨결이신 성령님이 거하시는 곳이기도 하다. 그렇기 때문에 우리의 기도는 결국 몸으로 드리는 기도며, 우리는 날마다 우리 몸을 통해, 즉 지금-여기에서 내 몸의 감각을 느낌으로 현존하시는 하나님을 체험하게 된다.

다시 한 번 반복하지만, 내 몸은 이 세상 끝 날까지 나와 함께하는 내 친구며 또한 하나님이 거하시는 성전이다. 즉 우리의 몸은 삶과 기도를 통해 하나님을 항상 모시고 다니라고 주신 하나님의 선물이다. 그리고 이 점은 아빌라의 테레사의 기도에 잘 드러나 있다.

아빌라의 성 테레사의 기도

그리스도께서는 이제 몸이 없습니다
당신의 몸밖에는

그분께서는 손도 발도 없습니다
당신의 손과 발밖에는
그분께서는 당신의 눈을 통하여
이 세상을 연민의 눈으로
바라보고 계십니다

당신의 발로 세상을 다니시며
선을 행하고 계십니다

당신의 손으로
온 세상을 축복하고 계십니다

당신의 손이 그분의 손이며
당신의 발이 그분의 발이며
당신의 눈이 그분의 눈이며
당신이 그분의 몸입니다

그리스도께서는 이제 몸이 없습니다
당신의 몸밖에는58)

주)

1) 릭 워렌, 「목적이 이끄는 삶」, 고성삼 옮김(디모데, 2003), 33~34.

2) 마태오 린 외, 「내 삶을 변화시키는 치유의 8단계」, 김종오 역(생활성서사, 2003), 35.

3) 같은 책, 49.

4) 파커 J. 파머, 「삶이 내게 말을 걸어올 때」, 홍윤주 옮김(한문화, 2007), 24.

5) 롤프 메르클레, 「자기 사랑의 심리학」, 장현숙 옮김(21세기 북스, 2007), 103.

6) 같은 책, 94쪽.

7) 파커 J. 파머, 26.

8) 토머스 화이트맨, 랜디 피터슨 공저, 「사랑이라는 이름의 중독」, 김인화 옮김 (사랑플러스, 2004), 81.

9) 같은 책, 261.

10) 크레이그 네켄, 「중독의 심리학」, 오혜경 옮김(웅진지식하우스, 2008), 29~32.

11) http://blog.naver.com/postview.nhn?blogid=danll&logNo=30106864598

12) 송봉모, 「상처와 용서」, (바오로딸, 1998), 70.

13) 정채봉, 「단 하나뿐인 당신에게」, (샘터사, 2006), 71.

14) 아잔 브라흐마, 「술 취한 코끼리 길들이기」, 류시화 역(이레, 2008), 57~59.

15) 박성희, 「동화로 열어가는 상담이야기」, (학지사, 2005), 14~16.

16) http://cafe.naver.com/jsstockloo/74668

17) 게리 채프먼, 「자녀를 위한 5가지 사랑의 언어」, (생명의말씀사, 2002) 참고.

18) 〈낮은 울타리〉, 2008년 5월호, 33~45.

19) http://limingyun.blog.me/20088993920

20) 앤 해링턴, 「마음은 몸으로 말을 한다」, 조윤경 옮김 (살림, 2009), 227.

21) 마태오 린 외, 「내 삶을 변화시키는 치유의 8단계」, 37~38.

22) 장현갑, 「마음 vs 뇌」, (불광출판사, 2009), 74~75.

23) 〈중앙일보〉 2010년 1월 11일

24) 더그 로션, 「나눔이 주는 아주 특별한 선물」, 임금선 역 (아르케, 2004), 36.

25) 앤 해링턴, 255.

26) http://blog.naver.com/jinnynim?Redirect=Log&logNo=80002348187

27) 앤 해링턴, 199.

28) 같은 책, 186~190.

29) 허버트 벤슨, 「마음으로 몸을 다스려라」, 정경호 옮김 (동도원, 2006),

116을 바탕으로 저자가 재편집.

30) 유계식, 「신체 중심 게슈탈트 집단 상담 프로그램 개발에 관한 연구」,

(한국심리학회지: 상담 및 심리 치료, 2002), 909~910.

31) Caldwell, C., Getting in touch:

The Guide to New Body-Centered Therapies, (Quest Books, 1997), 9.

32) 같은 책, 16~17.

33) 로널드 시걸 외, 「요통 혁명」, 이재석 옮김(국일미디어, 2006), 186.

34) Caldwell, C., 21.

35) 존 사노, 「통증 혁명」, 이재석 옮김(국일미디어, 2006), 75~77.

36) 칼 사이먼튼 외, 「마음 의술」, 이영래 옮김(살림, 2009), 85.

37) 크리스틴 콜드웰, 「몸으로 떠나는 여행」, 김정명 옮김(한울, 2007), 21.

38) 같은 책, 22.

39) 존 사노, 70, 108.

40) 제니스 스프링, 「어떻게 당신을 용서할 수 있을까」, 양은모 옮김(문이당, 2004), 49.

41) 칼 사이먼튼 외, 85.

42) 같은 책, 120~123.

43) 크리스틴 콜드웰, 44.

44) 같은 책, 43.

45) 유계식, 910.

46) http://blog.naver.com/ktx1011?Redirect=Log&logNo=20061564406

47) 반 퍼슨, 「몸 정신 영혼」, 손봉호 · 강영안 옮김(서광사, 1985), 43.

48) 야마구치 하지메, 「아이의 뇌는 피부에 있다」, 안수경 옮김(세각사, 2007), 67~68.

49) 같은 책, 69~70.

50) 같은 책, 73.

51) 야마시타 유미, 20~21.

52) Caldwell, C., 12~13.

53) 델시아 멕닐, 「바디워크 테라피」, 조옥경·이지현·이제진 공역

(학지사, 2006), 74.

54) 비벌리 엔젤, 「좋은 부모의 시작은 자기 치유다」, 조수진 옮김

(책으로 여는 세상, 2009), 96.

55) 글렌 R. 쉬럴디, 「지친 나를 안아주는 자기 존중의 기술」, 류혜원 옮김

(한스컨텐츠, 2009), 149~151.

56) 로버트 J. 윅스, 「일상 안에서의 거룩함」, 성찬성 역(가톨릭출판사, 2005), 84.

57) 이종헌, 「아하, 새로 태어나는 나」, (북하우스, 2005), 217~220.

58) http://blog.naver.com/Postview.nhn?blogid=lukepyun&logNo=10107659927

21c 교회성장과 축복의 통로

교회진흥원은 기독교한국침례회 총회의 교육, 문서선교 기관으로서 교회의 교육, 목회, 선교활동에 관한 실제적인 연구와 프로그램 개발, 기독교 정보를 제공하고, 자료 출판 및 보급사역을 하고 있습니다.

- 각 연령별 교회학교 공과, 구역공과, 제자훈련 교재, 음악도서를 기획, 출판하고 이와 관련된 각종 강습회를 실시합니다.
- 요단출판사를 운영하며 매년 70여 종의 각종 신앙도서와 제자 훈련 교재를 기획, 출판합니다.
- 3개의 직영서점을 운영하고 있습니다.

요단출판사의 사역정신

그리스도인들의 올바른 신앙성장과 영성 개발에 필요한 신앙도서를 엄선하여 출판, 보급함으로써 이 땅에 하나님나라 확장을 위해 헌신하고 있습니다.

- **F**or God For Church
  하나님과 교회의 유익을 위하여 도서를 기획 출판합니다.
- **O**nly Prayer
  오직 기도뿐이라는 자세로 사역합니다.
- **W**ay To Church Growth & Blessings
  교회성장과 축복의 통로가 되기 위해 사명을 감당합니다.
- **G**ood Stewardship & Professionalism
  선한 청지기와 프로정신으로 사역합니다.
- **C**reating Christianity Culture & Developing Contents
  각종 문화 컨텐츠를 개발함으로 기독교 문화 창달에 기여합니다.

직영서점

요단기독교서적 서울특별시 서초구 잠원동 69-14 반포쇼핑타운 6동 2층
교회용품센타 TEL 02) 593·8715~8 FAX 02) 536·6266 / 537·8616(용품)
둔산침례회서관 대전광역시 서구 둔산동 1092번지 신둔산 빌딩 2층
　　　　　　　　 TEL 042) 472·1919~20 FAX 042) 472·1921
대전침례회서관 대전광역시 동구 중동 21-27
　　　　　　　　 TEL 042) 255·5322, 256·2109 FAX 042) 254·0356
요단인터넷서점 www.jordanbook.com

"그러므로 너희는 가서 모든 민족을 제자로 삼아 아버지와 아들과 성령의 이름으로 침(세)례를 베풀고 내가 너희에게 분부한 모든 것을 가르쳐 지키게 하라 볼지어다 내가 세상 끝날까지 너희와 항상 함께 있으리라 하시니라." ─ 마 28:19~20